NUNCA TE RINDAS

CAMPEONES NO SON AQUELLOS QUE NUNCA FRACASAN, SINO AQUELLOS QUE **NUNCA SE RINDEN.**

Especialización en Hombres® | EL CURRÍCULO PARA HOMBRES

Ed Cole

WHITAKER
HOUSE

Traducido y editado por:

Ofelia Pérez

Nunca Te Rindas
Campeones no son aquellos que nunca fracasan, sino aquellos que nunca se rinden.
Manual de Estudio/ Especialización en Hombres®
© 2016 por Edwin Louis Cole

ISBN: 978-1-62911-635-8
Impreso en los Estados Unidos de América

Whitaker House
1030 Hunt Valley Circle
New Kensington, PA 15068
www.whitakerhouseespanol.com

Por favor, envíe sugerencias sobre este libro a: comentarios@whitakerhouse.com

1 2 3 4 5 6 7 8 9 10 11 ⨀ 23 22 21 20 19 18 17 16

Contenido

Lección 1

Dios hará un camino
y Dios le será fiel

Lección 1
Dios hará un camino (Capítulo 1)

A. Complete las oraciones con las siguientes palabras: (pág.11)
    éxito | resultado | normales | crisis | parte

1. _____es generalmente la razón detrás de los sentimientos de querer rendirnos.

2. Enfrentar la crisis puede llevarnos a nuestro mayor_____.

3. El cambio y la crisis son _____ en la vida.

4. El _____ no depende de la naturaleza del asunto, sino de lo que hacemos con la crisis (pág. 12).

5. Nosotros hacemos nuestra _____.

B. La crisis es común en la vida. (pág. 11) _____ Cierto _____ Falso

1. Los cristianos no deben experimentar crisis. (pág.11) _____ Cierto _____ Falso

    Lea 2 Corintios 11: 23-29.

Para estudio adicional:

El cambio produce crisis. El cambio es normal, así que la crisis es normal en la vida. *"…En el mundo tendréis aflicción;…"* (Juan 16:33).
La crisis trae dolor, pero el dolor es el maestro más grande de la vida. – Vea Eclesiastés 7:3; *"Bueno me es haber sido humillado, para que aprenda tus estatutos"* (Salmos 119:71).
Todo verdadero gozo nace del dolor: *"… Por la noche durará el lloro, Y a la mañana vendrá la alegría… Has cambiado mi lamento en baile; Desataste mi cilicio, y me ceñiste de alegría"* (Salmos 30: 5, 11). *"Los que sembraron con lágrimas, con regocijo segarán"* (Salmos 126:5).
Dios quiere que todo cambio en las vidas de sus hijos sea para bien.- Vea Romanos 8:28.
Deje que Dios le lleve a través de cada crisis hacia la nueva etapa de la vida. – Vea Romanos 8:38, 39.
Siempre recuerde que Dios está a su favor, no en contra suya.- Vea Salmos 56:9.
Cuídese de no malgastar su juventud preocupándose por lo que alguien le hizo. Vea Isaías 43: 14, 18.

2.   ¿Cuál es el factor que hace a la crisis tan insoportable? (pág.13)

3.   El estrés es un fenómeno moderno que debe evitarse a toda costa. (pág.15)
_____ Cierto _____ Falso

C.   ¿Qué puede usted aprender del problema del Apóstol Pablo con la mala decisión del capitán de un barco? (págs.15,16)

_____

_____

_____

Dios le será fiel (Capítulo 2)

A.   Lea Deuteronomio 7:9. Haga un círculo alrededor de las palabras que le aseguren que puede confiar su vida a Dios.

B.   ¿Qué dicen realmente los creyentes cuando preguntan: "Si Dios existe, ¿por qué permite guerras, defectos de nacimiento, enfermedades, etc."? (págs. 19-20)

_____

_____

_____

Para estudio adicional:

Las crisis del Apóstol Pablo fueron muchas y variadas.
"¿Son ministros de Cristo? (Como si estuviera loco hablo.) Yo más; en trabajos más abundante; en azotes sin número; en cárceles más; en peligros de muerte muchas veces. De los judíos cinco veces he recibido cuarenta azotes menos uno. Tres veces he sido azotado con varas; una vez apedreado; tres veces he padecido naufragio; una noche y un día he estado como náufrago en alta mar; en caminos muchas veces; en peligros de ríos, peligros de ladrones, peligros de los de mi nación, peligros de los gentiles, peligros en la ciudad, peligros en el desierto, peligros en el mar, peligros entre falsos hermanos; en trabajo y fatiga, en muchos desvelos, en hambre y sed, en muchos ayunos, en frío y en desnudez; y además de otras cosas, lo que sobre mí se agolpa cada día, la preocupación por todas las iglesias. ¿Quién enferma, y yo no enfermo? ¿A quién se le hace tropezar, y yo no me indigno?"
(2 Corintios 11:23-29).
La dura experiencia del Apóstol Pablo con el capitán del barco.- Vea Hechos 27: 9-44.

1. Cuando los creyentes preguntan, ¿hará Dios algo?, ¿están preguntando si Dios es lo bastante poderoso para hacerlo? (pág.20) _____ Sí _____ No

    ¿Qué están realmente preguntando? (pág. 20)

    _____
    _____

2. Los hombres casi nunca dudan de la capacidad de Dios, pero dudan de su _____
    _____. (pág.20)

3. La victoria de los redimidos no es que transforman el mundo, sino _____
    _____. (pág.20)

C. Lea en voz alta 2 Timoteo 2:2.

    1. El talento no puede compensar la falta de _____. (pág.21)

    2. Los hombres de fe son los _____ de la Iglesia. (pág. 22)

        Lea en voz alta 1 Corintios 4:2.

        Defina "fidelidad". (pág. 22) _____
        _____
        _____

Para estudio adicional:

¡Dios es fiel! – *"Conoce, pues, que Jehová tu Dios es Dios, Dios fiel, que guarda el pacto y la misericordia a los que le aman y guardan sus mandamientos, hasta mil generaciones;"* (Deuteronomio 7-9).
La fe en Dios lo honra; la incredulidad lo deshonra. *"Pero sin fe es imposible agradar a Dios; porque es necesario que el que se acerca a Dios crea que le hay, y que es galardonador de los que le buscan"* (Hebreos 11:6).
La Palabra de Dios es la fuente de fe. *"El respondió y dijo: Escrito está: No sólo de pan vivirá el hombre, sino de toda palabra que sale de la boca de Dios"* (Mateo 4:4).

D. La fidelidad es una señal de _____

_____. (pág.22)

1. Escriba las evidencias de fidelidad: (pág.22)

a. _____

b. _____

c. _____

2. Dios es fiel hacia alguien cuando le parece. (pág. 24). _____ Cierto _____ Falso

E. Lea Hebreos 1:3. ¿Con qué Dios levanta el mundo? (pág.24)

_____

_____

1. Dios nunca varía. (pág. 24) _____ Cierto _____ Falso

Lea Santiago 1:17.

2. ¿Cuál es la diferencia entre la preocupación y la fe? (pág.28) _____

_____

_____

3. Cuando nos preocupamos por nosotros, realmente nos estamos preocupando por Dios.
(pág. 28) _____ Cierto _____ Falso

Para estudio adicional:

Renueve su mente. *"No mintáis los unos a los otros, habiéndoos despojado del viejo hombre con sus hechos, –y revestido del nuevo, el cual conforme a la imagen del que lo creó se va renovando hasta el conocimiento pleno"* (Colosenses 3:9, 10); *"No os conforméis a este siglo, sino transformaos por medio de la renovación de vuestro entendimiento, para que comprobéis cuál sea la buena voluntad de Dios, agradable y perfecta"* (Romanos 12:2).

Dios transforma todas nuestras vidas con su amor. - *"De modo que si alguno está en Cristo, nueva criatura es; las cosas viejas pasaron; he aquí todas son hechas nuevas"* (2 Corintios 5:17); *"y la esperanza no averguenza; porque el amor de Dios ha sido derramado en nuestros corazones por el Espíritu Santo que nos fue dado"* (Romanos 5:5).

Cambio de corazón – *"sino que es judío el que lo es en lo interior, y la circuncisión es la del corazón, en espíritu, no en letra; la alabanza del cual no viene de los hombres, sino de Dios"*(Romanos 2:29); *"Os daré corazón nuevo, y pondré espíritu nuevo dentro de vosotros; y quitaré de vuestra carne el corazón de piedra, y os daré un corazón de carne"* (Ezequiel 36:26).

Fidelidad – *"Lo que has oído de mí ante muchos testigos, esto encarga a hombres fieles que sean idóneos para enseñar también a otros"* (2 Timoteo 2:2).

4. Cuando nos preocupamos por un resultado después de orar, ¿qué estamos diciendo básicamente sobre Dios? (pág.30) _____
_____
_____

F. Lea 2 Timoteo 2:13 TLB.

1. Hacer a Dios el _____ de nuestros fracasos es _____ su capacidad de ser el _____. (pág.31)

2. Acusar a Dios de _____ es acusarlo de no ser Dios. (pág.31)

3. Dios toma lo que es para mal y lo convierte en _____. (pág.34)

Para estudio adicional:

Una vida entera de decisiones individuales que la enriquecen o la disminuyen. – *"Escogí el camino de la verdad; He puesto tus juicios delante de mí"* (Salmos 119:30); *"Así que, si alguno se limpia de estas cosas, será instrumento para honra, santificado, útil al Señor, y dispuesto para toda buena obra"* (2 Timoteo 2:21).

Personalidad no es lo mismo que carácter.- Vea Proverbios 26:23. La personalidad está tras el hombre externo, y es temporal. Vea 1 Samuel 16:7.

La obediencia a su Palabra honra a Dios; la desobediencia lo deshonra. Vea 1 Samuel 15:22, 23; vea también Proverbios 14:2.

Dios Creador –*"el cual, siendo el resplandor de su gloria, y la imagen misma de su sustancia, y quien sustenta todas las cosas con la palabra de su poder, habiendo efectuado la purificación de nuestros pecados por medio de sí mismo, se sentó a la diestra de la Majestad en las alturas,"* (Hebreos 1:3); *"Y él es antes de todas las cosas, y todas las cosas en él subsisten;"* (Colosenses 1:17); *"Señor, digno eres de recibir la gloria y la honra y el poder; porque tú creaste todas las cosas, y por tu voluntad existen y fueron creadas"* (Apocalipsis 4:11).

Práctica:

1.   ¿Qué ha hablado Dios a su corazón estudiando estos dos capítulos? _____

_____

_____

_____

_____

_____

Repita en voz alta esta oración:

Padre, nunca me había percatado de lo mucho que no he confiado en ti. Te he culpado, te he acusado, me he preocupado por ti, pero hoy quiero confiar en ti verdaderamente. Por favor, perdona mi pasado, y permíteme empezar de nuevo hoy. Amén.

Para estudio adicional:

Arrepentirse – *"Dios no es hombre para que mienta, ni hijo de hombre para que se arrepienta. El dijo, ¿y no hará? Habló, ¿y no lo ejecutará?"* (Números 23:19); *"Porque yo Jehová no cambio; por esto, hijos de Jacob, no habéis sido consumidos"* (Malaquías 3:6).

Orar – *"No se preocupen por nada; en su lugar, oren por todo; cuéntenles a Dios sus necesidades y no olviden darle las gracias por sus respuestas"* (Filipenses 4:6 TLB); *"Bueno es alabarte, oh Jehová, Y cantar salmos a tu nombre, oh Altísimo"* (Salmos 92:1).

Dios no puede ser infiel- *"Si fuéremos infieles, él permanece fiel; El no puede negarse a sí mismo"* (2 Timoteo 2:13).

La gloria trascendente de Dios- *"Vosotros pensasteis mal contra mí, mas Dios lo encaminó a bien, para hacer lo que vemos hoy, para mantener en vida a mucho pueblo"* (Génesis 50:20).

La Palabra de Dios es la fuente de la fe- *"Mi corazón incliné a cumplir tus estatutos de continuo, hasta el fin"* (Salmos 119:112).

Auto Examen Lección 1

1.   La crisis es normal en la vida. _____ Cierto _____ Falso

2.   El estrés nunca es bueno para nosotros. _____ Cierto _____ Falso

3.   Los hombres con frecuencia dudan de la capacidad de Dios, pero nunca de su fidelidad. _____ Cierto _____ Falso

4.   ¿Cuáles son las tres evidencias de fidelidad en un hombre?

     a. _____

     b. _____

     c. _____

5.   ¿Cuál es la diferencia principal entre preocupación y fe ? _____
     _____
     _____

6.   Si experimentamos fracaso, Dios puede negarnos y lo hará: _____ Cierto _____ Falso

7.   ¿Cuál es una manera de eliminar a Dios como fuente de nuestras soluciones? _____
     _____
     _____

8.   Acusar a Dios de fracaso es acusarlo de _____.

9.   El fracaso puede ser el _____ del éxito.

10.   Dios es fiel aún cuando nosotros somos _____.

Guarde este examen para sus récords.

Lección 2

Dios le hablará

Lección 2
Dios le hablará

A. Elías era un hombre de _____ y _____. (pág. 37)

    1. Escriba tres formas en que Eliseo dio gloria a Dios. (pág. 38)

        a. _____   b. _____   c. _____

    2. Mencione las cinco tentaciones comunes en una crisis. (pág.38)

        a. _____   b. _____   c. _____

        d. _____   e. _____

    3. ¿Dónde peleó Elías su peor batalla? (pág. 38) _____

    4. Una vez se gana una batalla, usted no tiene preocupaciones. (pág.39)

        _____ Cierto   _____ Falso

B. Lea 1 de Reyes 18 y 19.

    1. ¿Cuál era la naturaleza de la confrontación bíblica? _____

    _____

    2. Dios odia a aquellos que llaman a lo malo, bueno, y a lo bueno, malo. (pág. 41)

        _____ Cierto   _____ Falso

    3. Mencione tres de las tácticas de Satanás. Haga un círculo alrededor de la que Elías cayó presa. (pág. 44)

        a. _____   b. _____   c. _____

Para estudio adicional

Elías movió el brazo de Dios en oración. - *"Elías era hombre sujeto a pasiones semejantes a las nuestras, y oró fervientemente para que no lloviese, y no llovió sobre la tierra por tres años y seis meses. Y otra vez oró, y el cielo dio lluvia, y la tierra produjo su fruto"* (Santiago 5:17,18). Vea además 1Reyes 17-19.

El cristiano debe conocer la verdad, para que pueda reconocer las mentiras de Satanás y pelear por el honor de Dios- Vea Proverbios 2: 6-9.

La Palabra de Dios es la fuente de la verdad.- Vea Juan 17:7.

El Espíritu de Dios guía a toda verdad.- Vea Juan 16:13.

La misión de Satanás- *"Practiquen el dominio propio y manténganse alerta. Su enemigo el diablo ronda como león rugiente, buscando a quién devorar"* (1 Pedro 5:8 NVI).

4. Cuando Elías quería rendirse y ceder, ¿cuál era la actitud de Dios? (pág.46) _____
_____

5. ¿Qué tres cosas necesitaba Elías para recuperarse? (pág.47)

    a. _____   b. _____   c. _____

6. ¿Qué Elías y Jesús se tomaron tiempo para hacer? (pág.47) _____
_____

C. Nombre el arte básico de la comunicación. (pág.48) _____
_____

1. ¿Qué dejó de hacer Elías antes de que Dios le hablara? (Escoja su respuesta y haga un círculo alrededor de la letra.) (pág. 48)

    a. esperar en el   b. pecar   c. compadecerse de sí
        monte   mismo

2. En la quietud, Elías oyó a Dios y se preparó para recibir la revelación que habría de ___
_____. (pág 48)

3. ¿Cuál es la "belleza" de la relación entre Dios y Elías? (pág.49) _____
_____

D. Experimentemos o no un momento decisivo en nuestras vidas, cuándo Dios se nos acerca, depende de: (Escoja su respuesta y haga un círculo alrededor de la letra.) (pág. 49)

    a. nuestra obediencia   b. nuestra herencia   c. Él
        a Su Palabra   cristiana

1. Reescriba la oración siguiente en sus propias palabras: (pág. 49)

    "El poder de Dios se libera en nuestras vidas al grado de nuestra obediencia, y no más".

_____
_____

Para estudio adicional:

Dios le ministró a Elías- "*Y echándose debajo del enebro, se quedó dormido; y he aquí luego un ángel le tocó, y le dijo: Levántate, come. Entonces él miró, y he aquí a su cabecera una torta cocida sobre las ascuas, y una vasija de agua; y comió y bebió, y volvió a dormirse. Y volviendo el ángel de Jehová la segunda vez, lo tocó, diciendo: Levántate y come, porque largo camino te resta. Se levantó, pues, y comió y bebió; y fortalecido con aquella comida caminó cuarenta días y cuarenta noches hasta Horeb, el monte de Dios*" (1 Reyes 19:5-8).
La comunicación confiable "permite el progreso". Vea Proverbios 13:17 TLB; vea también Marcos 4:11,12, 23,24.
Distorsión – "Cuando la multitud oyó la voz, algunos de ellos pensaron que era un trueno: (Juan 12:28-29 TLB); "*Y cada uno engaña a su compañero, y ninguno habla verdad; acostumbraron su lengua a hablar mentira, se ocupan de actuar perversamente*" (Jeremías 9:5); vea además Romanos 16:18.
Retirándose para orar- Vea Mateo 14:23.
Dios le habló a Elías en un "*silbo apacible y delicado*" (1 Reyes 19:12-15).

2. Las emociones siguen _____. (pág. 50)

3. ¿Qué significa "justicia"? (pág. 50) _____
    _____

4. ¿Cómo puede usted cambiar sus emociones? (pág. 50) _____
    _____

5. ¿Cómo puede alguien "ver" la fe? (pág. 50) _____
    _____

6. ¿Cuál es el método de protección de Dios? (pág. 50) _____
    _____

E. ¿Qué es lo más duro en el mundo que un hombre puede sufrir? (Escoja su respuesta y haga un círculo alrededor de la letra.) (pág.51)

    a. rechazo   b. pérdida de un   c. divorcio
                               negocio

1. Lea en voz alta: *"Porque Él (Dios) mismo ha dicho, no te fallaré de ninguna manera, ni me daré por vencido contigo, ni te dejaré sin apoyo. [Yo] no, [Yo] no, [Yo] no te dejaré en ningún grado desamparado ni te olvidaré ni te decepcionaré. No aflojaré mi mano que te aguanta. ¡Te aseguro que no! Así que con tranquilidad decimos, con ánimo, confianza y valentía, El Señor es mi Ayudador; No me alarmaré(No temeré ni me aterraré). ¿Qué puede hacerme el hombre?"* (Hebreos 13:5b-6 AMP).

2. ¿Dejará Dios alguna vez de obrar para su bien? (pág.52) _____ Sí _____ No

3. Dios le trae _____ para llevarlo _____. (pág.52)

4. _____ es el único medio de intercambio. (pág.52)

_____

Para estudio adicional:

Nuestras acciones confirman nuestras palabras y determinan nuestras emociones. Vea Salmos 126:5; vea también Mateo 15:18; Lucas 6:45; 2 Corintios 7:1; 2 Timoteo 2:21; *"No nos cansemos, pues, de hacer bien; porque a su tiempo segaremos, si no desmayamos"* (Gálatas 6:9).
Justicia – Vea Romanos 3:22, 25, 26; 4:3, 5; 5:18,19
El resultado de la fe – Vea Santiago 2:17,18, 20, 22
Las promesas de Dios son condicionales- *"Si quisiereis y oyereis, comeréis el bien de la tierra;"* (Isaías 1:19).
Dios desea nuestro bien mayor- *"estando persuadido de esto, que el que comenzó en vosotros la buena obra, la perfeccionará hasta el día de Jesucristo;"* (Filipenses 1:6).

F.   ¿Cuál es el mandato simple de Dios para los esposos? (pág. 52) _____

_____

_____

1.   El amor es el deseo de beneficiar _____ aun a expensas de
_____ porque el amor desea _____. (pág.53)

2.   Es motivo de orgullo pensar que Dios trabajar a favor nuestro. (pág.53)
_____ Cierto _____ Falso

Práctica:

1.   Satanás usa tres tácticas contra usted. ¿Cuál fue la última que usó contra usted? ¿Qué sabe
usted que puede ayudarle a cambiar el resultado? _____

_____

_____

2.   Piense en los hombres que usted conoce que se sientan debajo de un árbol de enebro en sus
trabajos, matrimonios o con sus hijos, pero nada cambia. Si Dios le diera la oportunidad,
¿qué les diría usted a esos hombres hoy? _____

_____

_____

Repita en voz alta esta oración:

Padre Dios, quiero salir permanentemente de debajo del árbol de enebro. Ayúdame entender y a
creer que tú verdaderamente estás trabajando para mi bien mayor. Perdona mi desobediencia, y
ayúdame a obedecer. Cuando sea tentado, por favor, trae a mi mente que la obediencia es para mi
beneficio. En el nombre de Jesús, amén.

Para estudio adicional:

El amor y la sumisión son para todos. - *"Someteos unos a otros en el temor de Dios. Las casadas estén sujetas a sus propios
maridos, como al Señor;... Maridos, amad a vuestras mujeres, así como Cristo amó a la iglesia, y se entregó a sí mismo por
ella...Así también los maridos deben amar a sus mujeres como a sus mismos cuerpos. El que ama a su mujer, a sí mismo se
ama. Porque nadie aborreció jamás a su propia carne, sino que la sustenta y la cuida, como también Cristo a la iglesia... Por lo
demás, cada uno de vosotros ame también a su mujer como a sí mismo; y la mujer respete a su marido"* (Efesios 5:21, 22, 25,
28, 29, 33).
El amor de Dios- *"Mas Dios muestra su amor para con nosotros, en que siendo aún pecadores, Cristo murió por nosotros...
Porque si siendo enemigos, fuimos reconciliados con Dios por la muerte de su Hijo, mucho más, estando reconciliados, seremos
salvos por su vida"* (Romanos 5:8,10); *"No temáis, manada pequeña, porque a vuestro Padre le ha placido daros el reino"*
(Lucas 12:32); vea además 2 Pedro 1:3.

Auto examen Lección 2

1.   ¿Cuáles son las cinco tentaciones comunes en una crisis?

   a. _____   b. _____   c. _____

   d. _____   e. _____

2.   ¿Dónde peleó Elías su batalla más fuerte? _____

3.   El día antes de la batalla es siempre más importante que el día después.
   _____ Cierto _____ Falso

4.   Elías era un hombre sobrenatural, distinto a nosotros. _____ Cierto _____ Falso

   Si Satanás no puede ganar ventaja _____, tratará de derrotarle
   _____. Si ninguno de esos funciona, intentará _____
   _____.

5.   Dios se dio por vencido con Elías cuando Elías se dio por vencido consigo mismo.
   _____ Cierto _____ Falso

6.   ¿Qué tres cosas hizo Dios por Elías para traerle restauración?

   a. _____

   b. _____

   c. _____

7.   Dios esperó hasta que Elías estuviera _____ antes de hablarle.

8.   ¿Cuál es el arte básico de la comunicación? _____

9.   El poder de Dios es liberado en nuestras vidas al grado de _____.

10.   ¿Cuál es el método de protección para nosotros? _____

Guarde este examen para sus récords.

Lección 3
Dios lo restaurará todo

Lección 3
Dios lo restaurará todo

A. ¿Qué determina el destino de un hombre? (pág.58) _____
_____

1. Cuando David comprometió su posición, ¿quién también quedó comprometido? (pág.58)
_____

2. Cuando la decisión de David lo sacó de la voluntad de Dios, lo sacó del alcance de Dios. (pág.59) _____ Cierto _____ Falso

3. ¿Cuál fue la respuesta de David cuando Siclag fue saqueada? (pág.59) _____
_____

4. ¿Cómo David se animó a sí mismo? (pág. 59) _____
_____

5. ¿Qué es realmente no tener vida de oración? (pág. 60) _____
_____

6. Leer 1 Samuel 30.

Para estudio adicional:

Requiere valor tomar decisiones- *"… escogeos hoy a quién sirváis; … pero yo y mi casa serviremos a Jehová"* (Josué 24:15).
Un hombre que ha aprendido a honrar a Dios en privado mostrará buen carácter en sus decisiones públicamente- *"De todo mal camino contuve mis pies, para guardar tu palabra. No me aparté de tus juicios, Porque tú me enseñaste…De tus mandamientos he adquirido inteligencia; Por tanto, he aborrecido todo camino de mentira"* (Salmos 119: 101, 102, 104).
La decisión se traduce en energía– *"El hombre de doble ánimo es inconstante en todos sus caminos"* (Santiago 1:8).
La decisión motiva a la acción- Ejemplo: Salomón – *"Determinó, pues, Salomón edificar casa al nombre de Jehová, y casa para su reino"* (2 Crónicas 2:1).
Escriba su decisión para que esté motivado a sostenerla- *"Y Jehová me respondió, y dijo: Escribe la visión, y declárala en tablas, para que corra el que leyere en ella"* (Habacuc 2:2).

7.   Cuando David se recuperó espiritualmente, ¿qué más recuperó? (pág.60) _____
_____

B.   ¿Cómo David lo perdió casi todo? (pág.61) _____
_____

1.   _____ es la base del pecado. (pág.61)

2.   Enumere algunas de las cosas que los hombres pierden debido a la impaciencia. (pág. 62)

a.   _____

b.   _____

c.   _____

C.   ¿Qué cosa extraña pueden hacer los creyentes frente a una crisis? (pág.62) _____
_____

1.   ¿Por qué pueden hacer eso? (pág. 62) _____
_____

2.   Lea Hechos 16:25,26. Explique cómo probablemente se sintieron Pablo y Silas. _____
_____
_____

3.   ¿Cuál entendimiento sincero detuvo a Pablo de temerle al mal? (pág.63) _____
_____
_____

4.   Los propósitos de Dios serán servidos por Dios mismo. (pág.65)
_____ Cierto _____ Falso

Para estudio adicional:

Sea animado por lo que escribe- *"Y David se angustió mucho, porque el pueblo hablaba de apedrearlo, pues todo el pueblo estaba en amargura de alma, cada uno por sus hijos y por sus hijas; mas David se fortaleció en Jehová su Dios"* (1 Samuel 30:6). Recuperando todo – *"Y libró David todo lo que los amalecitas habían tomado, y asimismo libertó David a sus dos mujeres"* (1 Samuel 30:18).

Todo el pecado es engañoso- *"antes exhortaos los unos a los otros cada día, entre tanto que se dice: Hoy; para que ninguno de vosotros se endurezca por el engaño del pecado"* (Hebreos 3:13).

Cinco pecados que nos mantienen fuera de nuestra "Tierra Prometida" personal- Vea Éxodo 32:1-10; 19-35; vea además Números 14; 25:1-9; Romanos 1:18-32; 1 Corintios 6:9-10; Hebreos 3:7-19; Judas 7; Apocalipsis 22:15.

D. ¿Cuál es la mejor evidencia que tienen los cristianos de que Dios obrará para su mayor bien? (pág. 65) _____

1. Escriba Romanos 8:32. _____
_____
_____
_____

2. Lea 1 Corintios 10:13. Refraséelo en sus propias palabras. _____
_____
_____
_____

3. Dios lo negará cuando esté pasando a través de circunstancias horrorosas o esté en medio de las tentaciones. (pág.65) _____ Cierto _____ Falso

4. En el momento de su necesidad, su confianza debe estar _____. (pág. 65)

E. Mencione personajes bíblicos a quienes Dios les fue fiel. _____
_____

Mencione personajes bíblicos a quienes Dios no les fue fiel. _____
_____

Para estudio adicional:

Hijo pródigo – *"También dijo: Un hombre tenía dos hijos; y el menor de ellos dijo a su padre: Padre, dame la parte de los bienes que me corresponde; y les repartió los bienes. No muchos días después, juntándolo todo el hijo menor, se fue lejos a una provincia apartada; y allí desperdició sus bienes viviendo perdidamente. Y cuando todo lo hubo malgastado, vino una gran hambre en aquella provincia, y comenzó a faltarle. Y fue y se arrimó a uno de los ciudadanos de aquella tierra, el cual le envió a su hacienda para que apacentase cerdos. Y deseaba llenar su vientre de las algarrobas que comían los cerdos, pero nadie le daba. Y volviendo en sí, dijo: !Cuántos jornaleros en casa de mi padre tienen abundancia de pan, y yo aquí perezco de hambre! Me levantaré e iré a mi padre, y le diré: Padre, he pecado contra el cielo y contra ti. Ya no soy digno de ser llamado tu hijo; hazme como a uno de tus jornaleros. Y levantándose, vino a su padre. Y cuando aún estaba lejos, lo vio su padre, y fue movido a misericordia, y corrió, y se echó sobre su cuello, y le besó. Y el hijo le dijo: Padre, he pecado contra el cielo y contra ti, y ya no soy digno de ser llamado tu hijo. Pero el padre dijo a sus siervos: Sacad el mejor vestido, y vestidle; y poned un anillo en su mano, y calzado en sus pies. Y traed el becerro gordo y matadlo, y comamos y hagamos fiesta; porque este mi hijo muerto era, y ha revivido; se había perdido, y es hallado. Y comenzaron a regocijarse"* (Lucas 15:11-24).

Alabar al Señor- *"Alegraos, oh justos, en Jehová; En los íntegros es hermosa la alabanza"* (Salmos 33:1); *"Pero a medianoche, orando Pablo y Silas, cantaban himnos a Dios; y los presos los oían. Entonces sobrevino de repente un gran terremoto, de tal manera que los cimientos de la cárcel se sacudían; y al instante se abrieron todas las puertas, y las cadenas de todos se soltaron"* (Hechos 16:25, 26).

Práctica:

1.   ¿Cuáles son las áreas de impaciencia en su vida? _____
_____
_____
_____

2.   ¿Qué piensa usted que se ha perdido a causa de la impaciencia? _____
_____
_____
_____

3.   ¿Qué puede hacer hoy para cambiar eso? _____
_____
_____
_____

4.   Medite en esto: *"Porque Él (Dios) mismo ha dicho, Yo no te fallaré de ninguna manera, ni me daré por vencido contigo ni te dejaré sin apoyo. Yo no, no y no, en ningún grado, te desampararé, ni te olvidaré ni te decepcionaré, ni te soltaré de Mi mano. ¡Tenlo por seguro!".* (Hebreos 13:5b AMP).

Repita en voz alta esta oración:

Padre, en el nombre de Jesús, vengo a ti ahora mismo. En medio de mi necesidad, quiero ser honesto contigo. No tengo que sentir nada, ni percibir nada, ni generar nada. Solo quiero que sepas que yo creo en que tú eres mi Dios y estás obrando para mi mayor bien. Gracias por no negarme porque no te vas a negar a ti mismo. Yo confío en ti totalmente de que me llevas a una nueva revelación, un ministerio más grande, y una bendición aún mayor de la que he conocido jamás en mi vida. Amén.

Para estudio adicional:

Dios es fiel – *"No os ha sobrevenido ninguna tentación que no sea humana; pero fiel es Dios, que no os dejará ser tentados más de lo que podéis resistir, sino que dará también juntamente con la tentación la salida, para que podáis soportar"* (1 Corintios 10:13).

Tentaciones básicas – *"Porque todo lo que hay en el mundo, los deseos de la carne, los deseos de los ojos, y la vanagloria de la vida, no proviene del Padre, sino del mundo"* (1 Juan 2:16).

Auto examen Lección 3

1.   Las decisiones determinan _____.

2.   No orar es con frecuencia una forma de _____.

3.   ¿Cuál es la única cosa que causa que la mayoría de las personas pierdan lo que Dios tiene
        para ellas? _____
        _____

4.   Dios, en su ira, nos negará como sus hijos en medio de nuestros sufrimientos y pruebas.
        _____ Cierto _____ Falso

5.   ¿Cuál es una de las armas más fuertes que podemos utilizar durante pruebas y tentaciones?
        _____
        _____

6.   Cuando fue saqueada Siclag, la ciudad de David, ¿cuál fue su respuesta? _____
        _____
        _____

7.   Sus pecados y errores pueden sacarle del alcance de la ayuda de Dios.
        _____ Cierto _____ Falso

8.   Antes de que David pudiera recuperar todo lo que había perdido materialmente en el
        saqueo de Siclag, él tenía que recuperar _____
        _____.

Guarde este examen para sus récords.

Lección 4

El patrón de Dios para el cambio

Lección 4
El patrón de Dios para el cambio

A.   Todo lo que Dios hace es de acuerdo con un _____ y basado
en un _____. (pág.69)

1.   ¿Cómo pueden nuestras vidas ser productivas, maximizadas y exitosas? (pág. 69) _____
_____

2.   ¿Cuáles son las dos cosas que hacemos en la vida? (pág.70)

a. _____   b. _____

3.   El cambio acompaña a _____. (pág. 70)

B.   ¿Cuál es el principio correspondiente al patrón de "entrar y salir"? (pág.70) _____
_____
_____

Para estudio adicional:

Es el deseo de Dios para su Iglesia que conozcan sus patrones y principios- *"Las cosas secretas pertenecen a Jehová nuestro Dios; mas las reveladas son para nosotros y para nuestros hijos para siempre, para que cumplamos todas las palabras de esta ley"* (Deuteronomio 29:29).

Patrón para el aumento	Patrón para el fracaso
Identificación: Hechos 2: 42, 43	Engaño: Génesis 3: 4,5
Involucración: Hechos 2: 44	Distracción: Génesis 3:6
Inversión: Hechos 2: 45	Dislocación: Génesis 3: 7-10
Aumento: Hechos 2: 46, 47	Destrucción: Génesis 3:23

1. Lo que queda de lo viejo en nuestra mente y nuestro espíritu determina: (pág.71) _____
    _____
    _____

2. Las semillas que cargamos para el bien producen ¿qué? (pág.71) _____
    _____
    _____

3. ¿Qué producen las semillas de rectitud? (pág.72) _____
    _____
    _____

4. A Dios no le importan las causas, solo las acciones externas. (pág. 72)
    _____ Cierto _____ Falso

5. Cómo nosotros _____ determina cómo _____.
    (pág.71)

C. El patrón de salida de Dios nunca está basado en una salida _____
    _____, sino en una salida _____. (pág.73)

1. Escriba Deuteronomio 6:23. _____
    _____
    _____
    _____

Para estudio adicional:

Cómo sale determina cómo entra- *"No os engañéis; Dios no puede ser burlado: pues todo lo que el hombre sembrare, eso también segará"* (Gálatas 6:7).
Según salga de una esfera o experiencia de la vida determinará cómo entra en la próxima- Vea 2 Pedro 1: 10, 11.
Aprenda a aprovechar las crisis en su vida. Úselas para que le acerquen más a Dios. *"Por lo cual estoy seguro de que ni la muerte, ni la vida, ni ángeles, ni principados, ni potestades, ni lo presente, ni lo por venir, ni lo alto, ni lo profundo, ni ninguna otra cosa creada nos podrá separar del amor de Dios, que es en Cristo Jesús Señor nuestro"* (Romanos 8: 38, 39).

2. Dios siempre piensa en términos de _____
    nosotros a algo mejor. (pág.74)

3. ¿Cuál fue la actitud mental que detuvo a Israel de habitar en Canaán? (pág.74) _____
    _____
    _____

4. ¿Cuál es la meta principal, fundamental de Dios para nuestras vidas? (pág.75) _____
    _____
    _____

5. Para traernos a la semejanza a Cristo, ¿de qué Dios nos tiene que sacar? (pág.75) _____
    _____
    _____

6. ¿Qué ocurre según entramos a lo nuevo y salimos de lo viejo? (pág.76) _____
    _____
    _____

D. Dios está más interesado en _____
    que _____. (pág. 76)

1. Dios siempre mira (Escoja su respuesta y haga un círculo alrededor de la letra.) (pág.76)

    a. El pecado   b. nuestra perspectiva   c. el producto
                                                                    terminado

---

Para estudio adicional:

Cómo edificar grandes obras- *"El hombre bueno, del buen tesoro de su corazón saca lo bueno; y el hombre malo, del mal tesoro de su corazón saca lo malo; porque de la abundancia del corazón habla la boca"* (Lucas 6:45). Vea además Hebreos 1:3; 11:3. *"Ninguna palabra corrompida salga de vuestra boca, sino la que sea buena para la necesaria edificación, a fin de dar gracia a los oyentes"* (Efesios 4:29).

2. Complete las oraciones con estas palabras: (pág. 78) entrar | salir

    a. _____ es necesario para _____.

    b. _____ es tan importante como _____.

E. Escriba "C" para Cierto y "F" para Falso en las siguientes oraciones: (págs.80-81)

    1. _____ Si miramos a Dios solo en lo espectacular, perderemos al Espíritu Santo.

    2. _____ El dinero es el ingrediente esencial en el éxito.

    3. _____ Usted nunca puede permanecer por mucho tiempo, una vez Dios lo pone allí.

    4. _____ El éxito llega cuando usted es el hombre correcto, en el momento correcto, en el lugar correcto.

    5. _____ En "Cades- barnea," necesitamos decir: "¡No más! ¿Qué aprenderé aquí?".

    6. _____ Nada borrará jamás los fracasos de su pasado.

    7. _____ Demuestra poca humildad cuando usted dice que Dios quiere que usted vaya de "gloria en gloria".

    8. _____ El patrón que usted usó en un negocio puede no funcionar para el próximo.

Para estudio adicional:

Dios le saca de algo para entrar en algo- *"y nos sacó de allá, para traernos y darnos la tierra que juró a nuestros padres"* (Deuteronomio 6:23); Vea además Números 13, 14.

F.   Indique el patrón para la cosecha. (pág. 81)

1.   _____

2.   _____

3.   _____

4.   _____

Práctica:

1.   ¿Cuáles son algunas maneras en que el "patrón para la cosecha" podría aplicarse en su vida?
     _____
     _____
     _____
     _____

2.   ¿Cuáles son algunas áreas en que usted ha tenido la actitud de querer "escapar"? ¿Qué puede
     hacer en vez de escapar? _____
     _____
     _____
     _____
     _____

Para estudio adicional:

Reciba el poder de Dios en su vida- *"Pero ahora voy al que me envió; y ninguno de vosotros me pregunta: ¿A dónde vas? Antes, porque os he dicho estas cosas, tristeza ha llenado vuestro corazón. Pero yo os digo la verdad: Os conviene que yo me vaya; porque si no me fuera, el Consolador no vendría a vosotros; mas si me fuere, os lo enviaré"* (Juan 16: 5-7); *"pero recibiréis poder, cuando haya venido sobre vosotros el Espíritu Santo, y me seréis testigos en Jerusalén, en toda Judea, en Samaria, y hasta lo último de la tierra"* (Hechos 1:8).

3.   Lea: *"Mirando hacia Jesús (lejos de todo lo que vaya a distraer), quien es el Líder y la Fuente de nuestra fe (dando el primer incentive para nuestra creencia)y es también el Consumador (trayéndola a madurez y perfección). Él por el gozo (de obtener el premio), padeció en la cruz, despreciando e ignorando la verguenza, y ahora está sentado a la diestra del trono de Dios. Solo piense en Él quien padeció de los pecadores tan dolorosa oposición y amarga hostilidad contra Él (reconozcan esto y compárenlo con sus pruebas), para que ustedes no quedaran exhaustos, perdiendo su corazón, y desmayando en sus mentes"* (Hebreos 12:2-3 AMP).

Repita en alta voz esta oración:

Padre, en el nombre de Jesús, ayúdame a entender la diferencia entre mi deseo de escapar de una situación y tu deseo de traerme a otra situación. Por favor, perdóname por las malas semillas que he cargado de mi pasado hacia mi presente. Ayúdame a corregir ese error ahora, en el nombre de Jesús. Yo trabajaré el patrón de la cosecha, para tu gloria en mi vida. Así sea. Amén.

Para estudio adicional:

Haga cambios – *"Yo dije: "Planten buenas semillas de justicia, y levantarán una cosecha de amor.Aren la dura tierra de sus corazones, porque ahora es tiempo de buscar al SEÑOR para que él venga y haga llover justicia sobre ustedes"* (Oseas 10: 12 NTV); *"Si oyereis hoy su voz, No endurezcáis vuestros corazones* (Hebreos 7:8); *"Además, «no pequen al dejar que el enojo los controle». No permitan que el sol se ponga mientras siguen enojados porque el enojo da lugar al diablo".* (Efesios 4:26, 27 NTV).

Perseverar hasta madurar – *"Y vosotros, hermanos, no os canséis de hacer bien"* (2 Tesalonicenses 3:13); ver también Mateo 5:48 AMP; Romanos 5:3-5 NVI; 8:37; 1 Corintios 15:58; 1 Timoteo 4:16; Hebreos 3:6; 6:1 NTV; 12:1-3.

Nunca de rindas – *"No, amados hermanos, no lo he logrado, pero me concentro únicamente en esto: olvido el pasado y fijo la mirada en lo que tengo por delante, y así avanzo hasta llegar al final de la carrera para recibir el premio celestial al cual Dios nos llama por medio de Cristo Jesús"* (Filipenses 3: 13, 14 NTV).

Auto examen Lección 4

1. Dios lo hace todo de acuerdo con un _____ y basado en un
    _____.

2. Describa el patrón de entrar y salir. _____
    _____
    _____

3. ¿Qué viene siempre con el cambio? _____
    _____
    _____

4. El patrón de salida de Dios nunca se basa en una salida hacia, sino una salida desde.
    _____ Cierto   _____ Falso

5. Dios siempre piensa en términos de _____ a nosotros a algo mejor.

6. ¿Cuál es la meta principal, fundamental de Dios para nuestras vidas? _____
    _____
    _____

7. Usted sale de lo viejo y entra en lo nuevo mediante _____.

8. Dios está más interesado en de dónde venimos que en hacia dónde vamos.
    _____ Cierto   _____Falso

9. Si Dios le trae a algo de manera sobrenatural, siempre es importante que usted permanezca
    ahí. _____ Cierto   _____ Falso

10. El ingrediente esencial en el éxito es _____.

11. Indique el patrón de la cosecha.

    a. _____

    b. _____

    c. _____

    d. _____

Guarde este examen para sus récords.

Pasos para entrar y salir
(Parte 1)

Lección 5
Pasos para entrar y salir (Parte 1)

A. _____ es normal en la vida. (pág.85)

Durante la transición, donde usted está no es tan importante como _____
_____. (pág. 86)

Mientras Dios cambia dónde usted está, Él también cambiará ¿qué? (pág.86) _____
_____

B. El perdón de Jesús abrió _____ para nosotros. (pág.86)

1. Leer Juan 20:23.

2. El perdón _____. La falta de perdón _____.
   (pág.87)

3. Haga una lista de las cosas que se cierran por la falta de perdón. (pág.87) _____
   _____
   _____

4. Haga una lista de maneras que usted piensa que pueden comunicar falta de perdón.
   (pág.88) _____
   _____
   _____

Para estudio adicional:

El principio de la liberación establece que solo después que se han liberado los pecados, las personas son libres para ser lo que Dios quiere que sean. –Vea Mateo 6: 14, 15.

Los pecados que usted perdona son liberados, y los pecados que usted no perdona son retenidos en su vida. Para activar este principio en su vida, reciba al Espíritu Santo en su corazón, y sea guiado y dirigido por Él. *"Y habiendo dicho esto, Él sopló sobre ellos y les dijo: ¡Reciban al Espíritu Santo! (Ahora, habiendo recibido al Espíritu Santo, y siendo dirigido por Él), si ustedes perdonan los pecados de cualquiera, son perdonados; si ustedes retienen los pecados de cualquiera, esos son retenidos"* (Juan 20:22,23 AMP).

La sanidad ocurre cuando, por fe, se actúa sobre el principio de la liberación. – Vea Hebreos 12:1.

5. Cuando usted no perdona, ¿qué cosa valiosa se cierra para otros? (pág.89) _____
_____
_____

6. ¿Se puede ganar el perdón? (pág.89) _____ Sí   _____ No

7. ¿Cuando usted sale de una situación, o de un lugar para otro, ¿qué se lleva con usted? (pág. 89) _____
_____

8. ¿Qué no debe llevarse consigo? (pág.89) _____
_____

C. Admita que _____ es su fuente. (pág. 89)

1. Lea Proverbios 3:9.

2. Escriba Hebreos 13:6. _____
_____
_____
_____
_____

3. ¿Dónde ganamos nuestras batallas financieras? (Escoja su respuesta y haga un círculo alrededor de la letra.). (pág. 90)

    a. en nuestras rodillas   b. en el banco   c. con buena administración del dinero

---
Para estudio adicional:

Gracia – *"en quien tenemos redención por su sangre, el perdón de pecados según las riquezas de su gracia"* (Efesios 1:7); *"Porque por gracia sois salvos por medio de la fe; y esto no de vosotros, pues es don de Dios;* (Efesios 2:8); *"nos salvó, no por obras de justicia que nosotros hubiéramos hecho, sino por su misericordia, por el lavamiento de la regeneración y por la renovación en el Espíritu Santo"* (Tito 3:5).

Dios le ayudará- *"de manera que podemos decir confiadamente: El Señor es mi ayudador; no temeré lo que me pueda hacer el hombre"* (Hebreos 13:6).

Salud financiera basada en la fe – *"Pero esto digo: El que siembra escasamente, también segará escasamente; y el que siembra generosamente, generosamente también segará."* (2 Corintios 9:6); vea también Santiago 2:17-20.

4. Nunca deje de honrar a Dios con sus _____. (pág.90)

5. Usted no puede compensar con sacrificio _____
    _____. (pág. 91)

6. Esperar que Dios nos libere instantáneamente de toda una vida de error es _____
    _____, no_____. (pág.91)

7. ¿Qué causa las decepciones de la vida? (pág.91) _____
    _____

8. Dios honra a aquellos que _____. (pág 92)

    Lea 1 Samuel 2:30.

9. ¿Cuál es la relación entre perdonar y dar? (pág.92) _____
    _____
    _____

10. ¿Qué consigue usted con la reverencia a Dios? (pág.92) _____
    _____
    _____

Para estudio adicional:

A Jesús le importa cómo las personas usan el dinero- Vea Marcos 12:41; *"Jesús le dijo: Si quieres ser perfecto, anda, vende lo que tienes, y dalo a los pobres, y tendrás tesoro en el cielo; y ven y sígueme"* (Mateo 19:21); vea además Lucas 19:8; Hechos 5: 1,2.

Codicioso vs. generoso- *"Da con generosidad y serás más rico; sé tacaño y lo perderás todo. El generoso prosperará, y el que reanima a otros será reanimado"* (Proverbios 11:24, 25 NTV); vea también Colosenses 3:5; *"Alborota su casa el codicioso; Mas el que aborrece el soborno vivirá"* (Proverbios 15:27); vea también 28:27.

La calidad del amor a Dios se refleja también en la obediencia. Vea Juan 14:21.

Dar no puede ser un sustituto de la obediencia. Vea 1 Samuel 15:22; vea también Proverbios 21:27.

D. No _____. (pág.93)

   1. El pánico es siempre contra _____. (pág.93)

   2. ¿Qué es el "terror nocturno"? (pág. 93) _____
_____
_____

   3. Proverbios 14:30 NVI dice: "El corazón tranquilo _____
_____ al cuerpo". (pág. 94)

   4. Cuando esté entre un trabajo y otro: (pág. 95)

      ¿Qué es lo mejor que puede hacer? _____
_____

      ¿Qué es lo peor que puede hacer? _____
_____

Para estudio adicional:

Nosotros no podemos dar más de lo que Dios nos da. - *"Dad, y se os dará; medida buena, apretada, remecida y rebosando darán en vuestro regazo; porque con la misma medida con que medís, os volverán a medir"* (Lucas 6:38).
Recibir es tan importante como creer. – *"Sanad enfermos, limpiad leprosos, resucitad muertos, echad fuera demonios; de gracia recibisteis, dad de gracia"* (Mateo 10:8); *"Por tanto, os digo que todo lo que pidiereis orando, creed que lo recibiréis, y os vendrá"* (Marcos 11:24); Vea también Santiago 1:21.
Medite en la Palabra de Dios- *"Hijo mío, no te olvides de mi ley, Y tu corazón guarde mis mandamientos; Porque largura de días y años de vida Y paz te aumentarán"* (Proverbios 3: 1, 2).
Rechace el terror – *"No temerás el terror nocturno, Ni saeta que vuele de día..."* (Salmos 91:5); *"En seis tribulaciones te librará, Y en la séptima no te tocará el mal"* (Job 5:19); *"El hombre de bien tiene misericordia, y presta; gobierna sus asuntos con juicio"* (Salmos 112:7); *"Entonces andarás por tu camino confiadamente, Y tu pie no tropezará. Cuando te acuestes, no tendrás temor, Sino que te acostarás, y tu sueño será grato"* (Proverbios 3:23, 24).

E.   Defina "soberanía". (pág. 96) _____

_____

  1.   ¿Qué hizo Dios con las cosas malas que le pasaron a José? (pág. 97) _____

_____

_____

       Lea Génesis 50:20.

  2.   Dios va a obrar solo con lo que nosotros _____. (pág.97)

  3.   Defina o describa "la gloria trascendente de Dios". (pág.97) _____

_____

_____

_____

Para estudio adicional:

Honrar a Dios resulta en dar y en obediencia – *"Honra a Jehová con tus bienes, y con las primicias de todos tus frutos; Y serán llenos tus graneros con abundancia, Y tus lagares rebosarán de mosto"* (Proverbios 3:9-10); *"Porque mis pensamientos no son vuestros pensamientos, ni vuestros caminos mis caminos, dijo Jehová"* (Isaías 55:8); *"Por tanto, Jehová el Dios de Israel dice: Yo había dicho que tu casa y la casa de tu padre andarían delante de mí perpetuamente; mas ahora ha dicho Jehová: Nunca yo tal haga, porque yo honraré a los que me honran, y los que me desprecian serán tenidos en poco"* (1 Samuel 2:30).
Desarrolle una actitud relajada-- *"Cuando pases por las aguas, yo estaré contigo; y si por los ríos, no te anegarán. Cuando pases por el fuego, no te quemarás, ni la llama arderá en ti"* (Isaías 43:2); *"El corazón apacible es vida de la carne; Mas la envidia es carcoma de los huesos"* (Proverbios 14:30).

Práctica:

¿En cuáles situaciones usaría usted los siguientes principios?

1.   Darse cuenta de que la crisis es normal: _____
_____

2.   Perdonar: _____
_____

3.   Admitir que Dios es su fuente: _____
_____

4.   No entrar en pánico: _____
_____

5.   Admitir que Dios es soberano: _____
_____

Repita en voz alta esta oración:

Padre, en el nombre de Jesús, me libero de todas las cosas incorrectas que ahora veo que he hecho, perdonándome a mí mismo ahora. Te pido que me perdones. Y les pido perdón a todos a quienes he hecho mal. Acepto este nuevo patrón en mi vida. Te amo y te doy gracias por escucharme. Amén.

Para estudio adicional:

La soberanía de Dios – *"El Dios de dioses, Jehová, ha hablado, y convocado la tierra, Desde el nacimiento del sol hasta donde se pone"* (Salmos 50:1); *"El señorea con su poder para siempre; Sus ojos atalayan sobre las naciones; Los rebeldes no serán enaltecidos. Selah"* (Salmos 66:7); *"diciendo: Te damos gracias, Señor Dios Todopoderoso, el que eres y que eras y que has de venir, porque has tomado tu gran poder, y has reinado"* (Apocalipsis 11:17).

La gloria trascendente de Dios – *"Y les respondió José: No temáis; ¿acaso estoy yo en lugar de Dios? Vosotros pensasteis mal contra mí, mas Dios lo encaminó a bien, para hacer lo que vemos hoy, para mantener en vida a mucho pueblo"* (Génesis 50:19, 20).

Dios cuida de su pueblo - *"Y sabemos que a los que aman a Dios, todas las cosas les ayudan a bien, esto es, a los que conforme a su propósito son llamados"* (Romanos 8:28).

Auto Examen Lección 5

1. En una transición, donde usted está no es tan importante como _____
    _____.

2. El perdón _____. La falta de perdón _____
    _____.

3. La falta de perdón causa que los pecados _____.

4. Los hombres deben prestar su mayor atención a su empleo y su iglesia, porque esos son sus
    fuentes. _____ Cierto _____ Falso

5. Dar libera _____.

6. Usted no puede compensar por sacrificio _____
    _____.

7. Normalmente nos decepcionamos en la vida, no a base de lo que encontramos, sino a base
    de lo que _____.

8. El desvelo, el miedo, buscar mentalmente las respuestas que no llegan, sentirse tentado a
    rendirse o a cometer suicidio son todas señales obvias de _____
    _____.

9. ¿Cuáles son algunas de las cosas correctas e incorrectas que se hacen cuando uno no tiene
    trabajo? _____
    _____
    _____

10. ¿Qué hizo Dios con el mal que se tramó contra José? _____
    _____
    _____

Guarde este examen para sus récords.

Lección 6
Pasos para entrar y salir
(Parte 2)

Lección 6
Pasos para entrar y salir (Parte 2)

A. No _____ Dios. (pág.98)

    1. Lea en voz alta: *"Y volvían, y tentaban a Dios, Y provocaban al Santo de Israel"* (Salmos 78: 41).

    2. Dios es un Dios _____. (Llene el espacio en blanco.) (pág.98)
       sentencioso | severo | creativo

    3. Dios está limitado en nuestras vidas por _____. (Llene el espacio en blanco.) (pág.98) fe | Su amor | esperanza

    4. Dios no pone límites en _____. _____ no pone límites en Dios. (pág.99)

    5. Dios puede crear algo de _____
       _____. (pág.99)

    Lea Romanos 4:17 y Hebreos 11:3.

Para estudio adicional:

Permita que la creatividad de Dios obre en usted- Vea Salmos 37:4.

Dios creó al hombre con sus características – *"Entonces dijo Dios: Hagamos al hombre a nuestra imagen, conforme a nuestra semejanza; y señoree en los peces del mar, en las aves de los cielos, en las bestias, en toda la tierra, y en todo animal que se arrastra sobre la tierra"* (Génesis 1: 26).

"Pero el que duda sobre lo que come, es condenado, porque no lo hace con fe; y todo lo que no proviene de fe, es pecado" (Romanos 14:23); *" (como está escrito): Te he puesto por padre de muchas gentes delante de Dios, a quien creyó, el cual da vida a los muertos, y llama las cosas que no son, como si fuesen"* (Romanos 4:17); *"Por la fe entendemos haber sido constituido el universo por la palabra de Dios, de modo que lo que se ve fue hecho de lo que no se veía"* (Hebreos 11:3).

B.   Humíllese a _____Dios. (pág.102)

    1.   ¿Qué dos categorías de personas tienen dificultad en servirle a Dios?   (pág.102)

        a.   _____

        b.   _____

    2.   Humillarse precede _____. (pág.102)

    3.   Lea: *"Así que humíllense ante el gran poder de Dios y, a su debido tiempo, él los levantará con honor"* (1 Pedro 5:6 NTV).

    4.   ¿Con quién dice la Escritura que Dios habita? (pág.103) _____
_____

    5.   Lea Isaías 57:15.

C.   Confíe en Dios para _____. (Llene el espacio en blanco.) (pág.103) castigarlo | enseñorearse de usted | reivindicarlo

    1.   Defina "reivindicación". _____
_____
_____
_____

Para estudio adicional:

Humíllese para obedecer la Palabra, para traer la bendición. – *"Cuidaréis de poner por obra todo mandamiento que yo os ordeno hoy, para que viváis, y seáis multiplicados, y entréis y poseáis la tierra que Jehová prometió con juramento a vuestros padres. Y te acordarás de todo el camino por donde te ha traído Jehová tu Dios estos cuarenta años en el desierto, para afligirte, para probarte, para saber lo que había en tu corazón, si habías de guardar o no sus mandamientos. Y te afligió, y te hizo tener hambre, y te sustentó con maná, comida que no conocías tú, ni tus padres la habían conocido, para hacerte saber que no sólo de pan vivirá el hombre, mas de todo lo que sale de la boca de Jehová vivirá el hombre"* (Deuteronomio 8:1-3); *"Porque así dijo el Alto y Sublime, el que habita la eternidad, y cuyo nombre es el Santo: Yo habito en la altura y la santidad, y con el quebrantado y humilde de espíritu, para hacer vivir el espíritu de los humildes, y para vivificar el corazón de los quebrantados"* (Isaías 57:15); *"Humillaos, pues, bajo la poderosa mano de Dios, para que él os exalte cuando fuere tiempo; echando toda vuestra ansiedad sobre él, porque él tiene cuidado de vosotros"* (1 Pedro 5:6, 7).

2. ¿Qué le dice la Escritura que haga si usted ha sido maltratado? (pág.104) _____

    _____

    _____

    _____

    Lea 1 Pedro 3:9.

3. Porque Jesús mantuvo su paz, Él: (Escoja todo lo que aplica y haga círculos alrededor de las letras.) (pág.104)

    a. mantuvo su poder   b. perdió su dignidad

    c. mantuvo su unción   d. perdió su respeto propio

4. Una "raíz de amargura" es: (Escoja su respuesta y haga un círculo alrededor de la letra.) (pág. 105)

    a. Una fortaleza de ira y resentimiento   b. Una papa dañada

    c. Un sentimiento de indiferencia

5. Lea: *"Cuídense unos a otros, para que ninguno de ustedes deje de recibir la gracia de Dios. Tengan cuidado de que no brote ninguna raíz venenosa de amargura, la cual los trastorne a ustedes y envenene a muchos"* (Hebreos 12:15 NTV).

Para estudio adicional:

Vencer el mal con bien – *"No paguéis a nadie mal por mal; procurad lo bueno delante de todos los hombres. Si es posible, en cuanto dependa de vosotros, estad en paz con todos los hombres. No os venguéis vosotros mismos, amados míos, sino dejad lugar a la ira de Dios; porque escrito está: Mía es la venganza, yo pagaré, dice el Señor. Así que, si tu enemigo tuviere hambre, dale de comer; si tuviere sed, dale de beber; pues haciendo esto, ascuas de fuego amontonarás sobre su cabeza. No seas vencido de lo malo, sino vence con el bien el mal"* (Romanos 12: 17-21); *"no devolviendo mal por mal, ni maldición por maldición, sino por el contrario, bendiciendo, sabiendo que fuisteis llamados para que heredaseis bendición"* (1 Pedro 3:9).

Dios se hará cargo de aquellos que lo maltratan- *"Porque es justo delante de Dios pagar con tribulación a los que os atribulan"* (2 Tesalonicenses 1:6).

6.   Lea Colosenses 3:15. ¿Qué debe regir nuestros corazones? (pág.105) _____

_____

7.   Dios es su fuente de: (Escoja todo lo que aplica y haga un círculo alrededor de las letras.) (pág.105)

a.   aflicción   b.   riqueza   c.   valía

D.   Escriba "C" para Cierto y "F" para Falso. (págs. 106-107)

____ 1.   En una crisis, uno debe abstenerse de comunicarse.

____ 2.   La soledad y el aislamiento pervertirán su pensamiento.

____ 3.   Dios nos puede hablar solo a través de su Palabra.

____ 4.   Mientras más personas conozcan sus problemas, más fácil es.

____ 5.   El buen consejo no siempre es consejo divino.

____ 6.   No mantenga positiva su conversación; sea más realista.

____ 7.   No comparta todo con sus hijos porque el conocimiento trae responsabilidad.

____ 8.   Cuéntele a Dios lo que usted piense que Él puede manejar.

____ 9.   Dios siempre construye en lo positivo.

Para estudio adicional:

Mantenga su paz- *"Angustiado él, y afligido, no abrió su boca; como cordero fue llevado al matadero; y como oveja delante de sus trasquiladores, enmudeció, y no abrió su boca"* (Isaías 53:7). *"Pues para esto fuisteis llamados; porque también Cristo padeció por nosotros, dejándonos ejemplo, para que sigáis sus pisadas; el cual no hizo pecado, ni se halló engaño en su boca; quien cuando le maldecían, no respondía con maldición; cuando padecía, no amenazaba, sino encomendaba la causa al que juzga justamente;"* (Pedro 2:21-23).

No permita una raíz de amargura- *"Mirad bien, no sea que alguno deje de alcanzar la gracia de Dios; que brotando alguna raíz de amargura, os estorbe, y por ella muchos sean contaminados;"* (Hebreos 12:15).

La paz le guiará – *"Y la paz de Dios gobierne en vuestros corazones, a la que asimismo fuisteis llamados en un solo cuerpo; y sed agradecidos"* (Colosenses 3:15).

E. La fe atrae lo _____. El miedo atrae lo _____

_____. (pág.109)

F. Actúe sobre _____. (Llene el espacio en

blanco.) (pág.110) sus sentimientos | lo que otros dicen | principios

1. Ya sea espiritual, matrimonial, financiera, social o física, Dios empieza toda su sanidad con

su _____. (pág. 110)

2. ¿Usted da gracias por la circunstancia o en la circunstancia? (pág.110) _____

_____

_____

Para estudio adicional:

Dios proveerá para usted – *"Mi Dios, pues, suplirá todo lo que os falta conforme a sus riquezas en gloria en Cristo Jesús"* (Filipenses 4:19); *"Sino acuérdate de Jehová tu Dios, porque él te da el poder para hacer las riquezas, a fin de confirmar su pacto que juró a tus padres, como en este día"* (Deuteronomio 8:18).

Mantenga positiva su conversación- *"Pero sea vuestro hablar: Sí, sí; no, no; porque lo que es más de esto, de mal procede"* (Mateo 5:37); *"porque todas las promesas de Dios son en él Sí, y en él Amén, por medio de nosotros, para la gloria de Dios"* (2 Corintios 1:20).

Los principios divinos son relevantes- Vea Números 23:19; vea también Salmos 9:7-10; 90:1, 2; 102:24-28; 136; Malaquías 3:6, 7; Santiago 1:17.

Práctica:

Lea Salmos 84:11 y 1 Tesalonicenses 5:18,19.

¿Cómo puede implementar uno de estos principios esta semana?

1.   No limite a Dios: _____

2.   Humíllese para obedecer a Dios: _____
_____

3.   Confíe en Dios para reivindicarlo: _____

4.   Comuníquese: _____

5.   Actúe sobre el principio: _____
_____

Repita en voz alta esta oración:

Padre, tal vez no esté en la crisis más grande, pero sé que en tiempos de crisis he fallado de muchas maneras. Por favor, perdóname por esas, cúbreme con tu perdón y tu amor, y permíteme vivir en libertad. Me comprometo a actuar sobre los principios de hoy en adelante. En el nombre de Jesús, amén.

Para estudio adicional:

Dar alabanza y gracias a Dios- *"Pero tú eres santo, Tú que habitas entre las alabanzas de Israel"*(Salmos 22:3); *"Dad gracias en todo, porque esta es la voluntad de Dios para con vosotros en Cristo Jesús"* (1 Tesalonicenses 5:18).
Dios siempre obra para su bien mayor.- *"Porque sol y escudo es Jehová Dios; Gracia y gloria dará Jehová. No quitará el bien a los que andan en integridad"* (Salmos 84:11).

Auto examen Lección 6

1.   Dios no pone límites en _____. _____
      _____no pone límites en Dios.

2.   ¿Qué precede siempre a la bendición? _____

3.   Si se nos ha tratado injustamente, debemos buscar una manera creativa de vengarnos.
      _____ Cierto   _____ Falso

4.   En sus propias palabras, ¿por qué una "raíz de amargura" puede ser tan peligrosa para un
      creyente? _____
      _____
      _____

5.   ¿Cuáles son algunos peligros de comunicar sus sentimientos a las personas incorrectas? ___
      _____
      _____
      _____

6.   El buen consejo es lo mismo que el consejo divino. _____ Cierto   _____ Falso

7.   Usted debe contar a sus hijos todo sobre cualquiera cosa que le esté pasando.
      _____ Cierto   _____ Falso

8.   Dios nunca construye en un _____, sino siempre en un
      _____.

9.   Debemos siempre actuar sobre _____, no sobre la emoción.

Guarde este examen para sus récords.

Lección 7

La crisis de la mediana edad

Lección 7
La crisis de la mediana edad

A. Lea Lucas 16.

1. No somos _____ de nada, solo mayordomos de todo lo que poseemos. (pág.113)

2. Haga una lista de las cosas por las que un día rendirá cuentas a Dios. (pág.114) _____
    _____
    _____

B. La cercanía de la mediana edad causa _____. (pág.114)

1. El resultado de reflexionar hacia atrás puede ser _____ o _____
    _____. (pág.114)

2. Solo Dios tiene la verdadera _____. (pág.114)

C. La mayor riqueza de la vida es el dinero. (pág.116) _____ Cierto _____ Falso

1. ¿Qué significa que "los fondos vienen de los amigos"? (pág.116) _____
    _____
    _____

Para estudio adicional:

Fidelidad – *"Sabéis que cuando erais gentiles, se os extraviaba llevándoos, como se os llevaba, a los ídolos mudos"* (1 Corintios 4:2).

La fidelidad es la piedra angular del éxito- *"El hombre de verdad tendrá muchas bendiciones; Mas el que se apresura a enriquecerse no será sin culpa"* (Proverbios 28:20); ver además Mateo 24:46, 47.

El trabajo de Adán era administrar la tierra- Vea Génesis 1:28.

Jesús enseñó mayordomía- *"Entonces el mayordomo dijo para sí: ¿Qué haré? Porque mi amo me quita la mayordomía. Cavar, no puedo; mendigar, me da vergüenza. Ya sé lo que haré para que cuando se me quite de la mayordomía, me reciban en sus casas"* (Lucas 16: 3, 4).

La amistad debe cultivarse – *"El hombre que tiene amigos ha de mostrarse amigo; Y amigo hay más unido que un hermano"* (Proverbios 18:24).

El lazo en común de los amigos es su confianza- *"En todo tiempo ama el amigo, Y es como un hermano en tiempo de angustia"* (Proverbios 17:17); *"Fieles son las heridas del que ama;Pero importunos los besos del que aborrece"* (Proverbios 27:6).

2. Lea en voz alta: *"Nunca abandones a un amigo, sea tuyo o de tu padre. Cuando ocurra la calamidad, no tendrás que pedirle ayuda a tu hermano. Mejor es recurrir a un vecino que a un hermano que vive lejos"* (Proverbios 27:10 NTV).

3. La distancia nunca se mide por millas, siempre por _____. (Llene el espacio en blanco.) (pág.117)   amistad | cercanía física | afecto

4. La pobreza más grande de la vida no está en las riquezas, sino en _____ _____. (pág.117)

5. La riqueza más grande de la vida no está en el dinero, sino en _____ _____. (pág.117)

D. El fracaso en la preparación es _____ para el fracaso. (pág.117)

1. Refrasee Proverbios 22:3 en sus propias palabras. _____
   _____
   _____
   _____

2. ¿Cuál es la preparación más importante de todas? (pág.117) _____
   _____

3. Haga una lista de las que, para usted, son las decisiones más importantes que tomará en su vida. (pág.118) _____
   _____
   _____
   _____

Para estudio adicional:

Si es difícil encontrar un amigo en quien pueda confiar, aún puede ser amigo de Dios y pedirle que encuentre otros amigos para usted- Vea Salmos 16: 2, 3, 5. *"No dejes a tu amigo, ni al amigo de tu padre; Ni vayas a la casa de tu hermano en el día de tu aflicción.Mejor es el vecino cerca que el hermano lejos."* (Proverbios 27:10); *"Y les digo, hagan amigos para ustedes por medio del mammon impío (riquezas engañadoras, dinero, posesiones)para que cuando esto falle, ellos (aquellos que ustedes han favorecido) los reciban y les den la bienvenida a las moradas eternas (habitaciones)"* (Lucas 16:9 AMP).

Los detalles hacen la diferencia entre éxito y fracaso- *"El avisado ve el mal y se esconde; Mas los simples pasan y reciben el daño"* (Proverbios 22:3); *"De la manera que Jehová lo había mandado a Moisés su siervo, así Moisés lo mandó a Josué; y así Josué lo hizo, sin quitar palabra de todo lo que Jehová había mandado a Moisés. Tomó, pues, Josué toda aquella tierra, las montañas, todo el Neguev, toda la tierra de Gosén, los llanos, el Arabá, las montañas de Israel y sus valles"* (Josué 11:15, 16).

E. Nunca es demasiado tarde para _____. (Llene el espacio en blanco.) (pág.118) gritar por ayuda | volver a empezar | rendirse

1. Nada en la vida es _____. (pág. 118)

2. Haga una lista de algunas de las cosas que cambiarán durante su vida. (pág.118)

3. Explique un significado de la frase, "y aconteció". (pág.118) _____
    _____
    _____
    _____

4. Dios nunca empieza ni termina en un _____. (pág.119)

Práctica:

1.   Lea: *"Puesto que consideramos y no miramos las cosas que se ven, sino a las cosas que no se ven; porque las cosas que son visible son temporales (breves y fugaces), pero las cosas que son invisibles son inmortales y eternas"* (2 Corintios 4:18 AMP).

        ¿Cómo se relaciona esto con nuestro estudio?

Para estudio adicional:

Dios se interesa en el detalle- Vea Salmos 139:13, 14; vea además Mateo 10:29, 30.
El primer paso para prestar atención a los detalles es escribirlos- Vea Deuteronomio 17:18, 19.
El fracaso precede al éxito- Vea 1 Samuel 30:1-20; vea además 2 Samuel 2:4; *"Y ahora, que el SEÑOR les muestre a ustedes su amor y fidelidad, aunque yo también quiero recompensarlos por esto que han hecho"* (2 Samuel 2:6 NVI).

El patrón del fracaso

Engaño: Vea Génesis 3:4, 5

Distracción: Génesis 3:6

Dislocación: Génesis 3:7-10

Destrucción: Génesis 3:23

Dios lo hizo todo bueno, incluyendo el sexo – Génesis 1:31.

2.   De este capítulo, escriba algunas maneras prácticas en que puede planificar su futuro, que pueda implementar inmediatamente. _____

_____

_____

_____

3.   Un hombre llamado John se divorcia de su esposa y abandona sus hijos. Doce años más tarde se da cuenta de su error y quiere corregirlo. Después de varios intentos para reconciliarse con sus hijos y disculparse con su ex esposa, John reconoce la profunda amargura de ellos hacia él. John se rinde, creyendo que ellos están mejor sin él y que es demasiado tarde para hacer lo correcto.

En su opinión, ¿es demasiado tarde? _____ Sí   _____ No

¿Cuándo es demasiado tarde? _____

_____

¿Qué puede hacer él ahora para ayudar su situación? _____

_____

_____

_____

Repita en voz alta esta oración:

Padre, te doy gracias, en el nombre de Jesús, porque nunca es demasiado tarde para moverme adelante en Ti. Tu Espíritu me llena con sabiduría creadora. Estoy capacitado para conquistar porque Tú habitas dentro de mí. Tu Espíritu me guía y me guarda. Tú vas delante de mí para romper en pedazos los portones de bronce y fundir las barras de hierro. Tú enderezas los lugares torcidos para que yo te conozca, y conozca tus riquezas para mi vida. Yo soy más que vencedor a través de Tu amor. Amén.

Para estudio adicional:

Dios desea nuestro bien mayor- Vea Salmos 37:1-4; vea además Proverbios 23:18; Jeremías 29:11.

Dios desea beneficiarnos – *"El que no escatimó ni a su propio Hijo, sino que lo entregó por todos nosotros, ¿cómo no nos dará también con él todas las cosas?"* (Romanos 8:32).

Auto Examen Lección 7

1.   No somos _____ de nada, solo mayordomos de todo lo que poseemos.

2.   ¿Dónde encontramos la mayor riqueza de la vida? _____

3.   ¿De qué manera los "fondos vienen de los amigos"? _____

4.   La distancia nunca se mide en millas, siempre en _____. amistad | cercanía física | afecto

5.   La mayor pobreza de la vida no está en las riquezas, sino en _____ _____.

6.   La mayor riqueza de la vida no está en el dinero, sino en _____ _____.

7.   El fracaso en prepararse es _____ para el fracaso.

8.   La mayor parte de nuestra vida nunca cambiará. _____ Cierto   _____ Falso

9.   Nunca es demasiado tarde. _____ Cierto   _____ Falso

Guarde este examen para sus récords.

Lección 8

El camino a la victoria

Lección 8
El camino a la victoria

A. Lea en voz alta: *"Otra vez os digo, que si dos de vosotros se pusieren de acuerdo en la tierra acerca de cualquiera cosa que pidieren, les será hecho por mi Padre que está en los cielos"* (Mateo 18:19).

1. El lugar del acuerdo es el lugar de _____. (pág.121)

2. El lugar del desacuerdo es el lugar de _____. (pág.121)

3. ¿Qué simboliza la Torre de Babel? (pág.122) _____
_____

Lea: *"Y el Señor dijo, mirad, ellos son un pueblo y todos tienen un solo lenguaje; y este es solo el principio de lo que van a hacer, y ahora nada de lo que han imaginado que pueden hacer será imposible para ellos"* (Génesis 11:6 AMP).

4. Los avances poderosos ocurren cuando una familia está _____
_____. (Llene el espacio en blanco.) (pág.122)

en acuerdo | de vacaciones | financieramente bien

Para estudio adicional:

Dios nos ha dado el poder de vencer cualquier obstáculo, enemigo o ataque por medio de la verdad de sus patrones y principios en su Palabra. – *"¿No es mi palabra como fuego, dice Jehová, y como martillo que quebranta la piedra?"* (Jeremías 23:29); *"Pues la palabra de Dios nunca dejará de cumplirse"* (Lucas 1:37 NTV).
El poder de Dios es liberado a la medida que se ejerce la obediencia- Vea Apocalipsis 2:26.
Las promesas de Dios son condicionales- *"Pero si miras atentamente en la ley perfecta que te hace libre y la pones en práctica y no olvidas lo que escuchaste, entonces Dios te bendecirá por tu obediencia"* (Santiago 1:25 NTV).

5.   ¿Cuál es el resultado de los padres que están de acuerdo? (pág.123) _____

_____

_____

B.   Defina "permanecer" (pág.124) _____

_____

_____

1.   Lea Juan 15:4-10. ¿Qué quiere Jesús que nosotros hagamos? (pág.124) _____

_____

_____

2.   ¿Qué nos da fuerzas para sobrevivir a una crisis? (pág. 124) _____

_____

_____

3.   Jesús dijo que lo experimentáramos para vivir en plenitud. (pág.124)

_____ Cierto   _____ Falso

4.   Experimentar una victoria durante una crisis es grande, pero permanecer en Cristo
continuamente es _____. (Llene el espacio
en blanco.) (pág.124) una victoria menor | nada diferente | grandioso

Para estudio adicional:

El poder del acuerdo – *"Tenía entonces toda la tierra una sola lengua y unas mismas palabras. Y aconteció que cuando
salieron de oriente, hallaron una llanura en la tierra de Sinar, y se establecieron allí. Y se dijeron unos a otros: Vamos, hagamos
ladrillo y cozámoslo con fuego. Y les sirvió el ladrillo en lugar de piedra, y el asfalto en lugar de mezcla. Y dijeron: Vamos,
edifiquémonos una ciudad y una torre, cuya cúspide llegue al cielo; y hagámonos un nombre, por si fuéremos esparcidos sobre
la faz de toda la tierra. Y descendió Jehová para ver la ciudad y la torre que edificaban los hijos de los hombres. Y dijo Jehová:
He aquí el pueblo es uno, y todos éstos tienen un solo lenguaje; y han comenzado la obra, y nada les hará desistir ahora de lo
que han pensado hacer. Ahora, pues, descendamos, y confundamos allí su lengua, para que ninguno entienda el habla de su
compañero. Así los esparció Jehová desde allí sobre la faz de toda la tierra, y dejaron de edificar la ciudad. Por esto fue llamado
el nombre de ella Babel, porque allí confundió Jehová el lenguaje de toda la tierra, y desde allí los esparció sobre la faz de toda la
tierra"* (Génesis 11:1-9).
Oración de acuerdo – *"De cierto os digo que todo lo que atéis en la tierra, será atado en el cielo; y todo lo que desatéis en la
tierra, será desatado en el cielo. Otra vez os digo, que si dos de vosotros se pusieren de acuerdo en la tierra acerca de cualquiera
cosa que pidieren, les será hecho por mi Padre que está en los cielos"* (Mateo 18:18,19).

5. Lea Hebreos 5:12-14 y refrasee en sus propias palabras. (pág.124) _____

_____

_____

_____

_____

_____

6. ¿Qué están haciendo los "bebés" espirituales cuando pecan continuamente? (Escoja su respuesta y haga un círculo alrededor de la letra.) (pág.124)

    a. pasando un buen
        rato

    b. fallando en
        permanecer

    c. condenándose a
        ellos mismos

7. Lea 2 Corintios 3:18. Dios quiere que vayamos de gloria en gloria, no de _____ en _____. (pág.125)

8. Dios quiere que crezcamos y nos movamos de la "leche" de la Palabra a _____ _____. (pág.124)

Para estudio adicional:

El poder del acuerdo – "Y si alguno prevaleciere contra uno, dos le resistirán; y cordón de tres dobleces no se rompe pronto." (Eclesiastés 4:12).

Permanecer en Cristo- "Permaneced en mí, y yo en vosotros. Como el pámpano no puede llevar fruto por sí mismo, si no permanece en la vid, así tampoco vosotros, si no permanecéis en mí. Yo soy la vid, vosotros los pámpanos; el que permanece en mí, y yo en él, éste lleva mucho fruto; porque separados de mí nada podéis hacer. El que en mí no permanece, será echado fuera como pámpano, y se secará; y los recogen, y los echan en el fuego, y arden. Si permanecéis en mí, y mis palabras permanecen en vosotros, pedid todo lo que queréis, y os será hecho. En esto es glorificado mi Padre, en que llevéis mucho fruto, y seáis así mis discípulos. Como el Padre me ha amado, así también yo os he amado; permaneced en mi amor. Si guardareis mis mandamientos, permaneceréis en mi amor; así como yo he guardado los mandamientos de mi Padre, y permanezco en su amor" (Juan 15:4-10).

9.   Tenemos que buscar la sabiduría de Dios como si fuera _____
_____. (pág.125)

C.   Encima de las nubes _____. (Llene el
espacio en blanco.) (pág.125) hay más nubes | se está formando la verdadera tormenta | siempre
brilla el sol

1.   Escriba Proverbios 2:5-6. _____
_____
_____
_____
_____

2.   Las circunstancias no pueden afectar _____
_____. (pág. 126)

3.   Dios siempre está obrando para nuestro _____. (pág.126)

4.   Lea Romanos 8:28.

5.   La fe siempre se aferra a la verdad, y la verdad siempre trae _____
_____. (pág.126)

Para estudio adicional:

"Bebés" espirituales – *"Porque debiendo ser ya maestros, después de tanto tiempo, tenéis necesidad de que se os vuelva a enseñar cuáles son los primeros rudimentos de las palabras de Dios; y habéis llegado a ser tales que tenéis necesidad de leche, y no de alimento sólido. Y todo aquel que participa de la leche es inexperto en la palabra de justicia, porque es niño; pero el alimento sólido es para los que han alcanzado madurez, para los que por el uso tienen los sentidos ejercitados en el discernimiento del bien y del mal"* (Hebreos 5:12-14); *"Y si sobre este fundamento alguno edificare oro, plata, piedras preciosas, madera, heno, hojarasca,"* (1 Corintios 3:1-2); *"Por tanto, nosotros todos, mirando a cara descubierta como en un espejo la gloria del Señor, somos transformados de gloria en gloria en la misma imagen, como por el Espíritu del Señor"* (2 Corintios 3:18).

D. La Biblia señala tres relaciones entre Dios y el hombre. Estas son: (pág.126)

1. Dios es _____.

Dios es _____.

Dios es _____.

2. ¿Cuál de estos es el más grande conocimiento al cual aferrarse? (pág.126) _____
_____

Para estudio adicional:

Sabiduría – *"Y si alguno de vosotros tiene falta de sabiduría, pídala a Dios, el cual da a todos abundantemente y sin reproche, y le será dada"* (Santiago 1:5); *"Hijo mío, si recibieres mis palabras, Y mis mandamientos guardares dentro de ti, Haciendo estar atento tu oído a la sabiduría; Si inclinares tu corazón a la prudencia, Si clamares a la inteligencia, Y a la prudencia dieres tu voz; Si como a la plata la buscares, Y la escudriñares como a tesoros, Entonces entenderás el temor de Jehová, Y hallarás el conocimiento de Dios. Porque Jehová da la sabiduría, Y de su boca viene el conocimiento y la inteligencia. El provee de sana sabiduría a los rectos; Es escudo a los que caminan rectamente. Es el que guarda las veredas del juicio, Y preserva el camino de sus santos. Entonces entenderás justicia, juicio Y equidad, y todo buen camino"* (Proverbios 2:1-9).

Práctica:

1.   Lea: *"[No en sus propias fuerzas] porque es Dios quien está en todo momento obrando efectivamente en ti [energizando y creando en ti el poder y el deseo], ambos para querer y hacer para Su buen placer y satisfacción y deleite"* (Filipenses 2:13 AMP).

2.   Si es cierto que Dios está obrando dentro de usted, para hacer su buena obra en usted, ¿en qué estará obrando para lograr espiritualmente en su vida hoy?

Repita en voz alta esta oración:

Padre, te doy gracias porque el sol siempre brilla por encima de las nubes. Estoy en acuerdo ahora mismo con mi cónyuge, mis compañeros de oración, el pastor y tú, en que soy uno que permanece en Jesucristo. Oro en fe, ahora mismo, reconociendo que tú estás obrando para mi bien mayor, para que tu voluntad sea hecha en mi vida. En el nombre de Jesús, amén.

Para estudio adicional:

La verdad – *"y conoceréis la verdad, y la verdad os hará libres"* (Juan 8:32).
Dios con nosotros – *"porque Dios es el que en vosotros produce así el querer como el hacer, por su buena voluntad"* (Filipenses 2:13); *"He aquí, una virgen concebirá y dará a luz un hijo, Y llamarás su nombre Emanuel, que traducido es: Dios con nosotros"* (Mateo 1:23).

Auto Examen Lección 8

1. ¿Qué crea impotencia? _____
   _____

2. En la historia de la torre de Babel, las Escrituras registran a Dios diciendo que *"nada que ellos han imaginado que pueden hacer será imposible para ellos"* (Génesis 11:6 AMP). ¿A cuál principio se refería? _____

3. ¿Cuál es el resultado de que los padres estén de acuerdo en el hogar? _____
   _____

4. Jesús dijo: *"Si tú me experimentas, y mi experiencia está en ti, pedirás lo que desees y será hecho"*. _____ Cierto _____ Falso

5. ¿Qué es más poderoso? (Escoja la respuesta y haga un círculo alrededor de la letra.)

   a. tener una victoria durante una crisis   b. permanecer en Cristo
                                                   continuamente

6. Debemos aprender a sobrevivir a esta vida, que es "de crisis en crisis".
   _____ Cierto _____ Falso

7. Algunas circunstancias en las que nos encontramos pueden ser tan severas como para realmente afectar la Palabra de Dios. _____ Cierto _____ Falso

8. La fe siempre se aferra a la verdad, y la verdad siempre trae _____.

9. ¿Cuáles son las tres relaciones bíblicas entre Dios y el hombre?

   a. _____

   b. _____

   c. _____

Guarde este examen para sus récords.

Lección 9

Cómo pasar del fracaso al éxito

Lección 9
Cómo pasar del fracaso al éxito

A. Las personas podemos obtener "victorias", pero tenemos que aprender a _____
_____. (pág. 131)

   1. Es más fácil obtener que _____. (Llene el espacio en blanco.) (pág.131) mantener | vender | regalar

   2. Es más fácil ganar territorio que _____ el territorio. (pág.131)

B. El patrón de Dios para el éxito es un patrón de _____. (pág.132)

   1. Dios nunca empieza ni termina en un _____. (Llene el espacio en blanco.) (pág.132) negativo | una nota alta | positivo

   2. Dé un ejemplo de este principio. (pág.133) _____
_____

   3. El plan de Dios para nosotros empieza con el _____ y terminará con _____. (pág.133)

Para estudio adicional:

Los hombres débiles sabotean la victoria buscando evitar el dolor – Vea Corintios 9:25.

No transe con el pecado. Luche hasta que obtenga la victoria. Entonces puede vivir en paz. – Vea Efesios 6:13.

Dios da la sabiduría para la estrategia- Vea Proverbios 3:19; "Bendito sea Jehová, mi roca, Quien adiestra mis manos para la batalla, Y mis dedos para la guerra" (Salmos 144:1); "La sabiduría fortalece al sabio más que diez poderosos que haya en una ciudad" (Eclesiastés 7:19); vea además Salmos 17:4; 44:5; 2 Corintios 2:14; Santiago 1:5.

La victoria require una lucha – Vea Colosenses 1:29; vea además 1 Corintios 9:25, 26.

La victoria por estrategia trae gloria- "Tuya es, oh Jehová, la magnificencia y el poder, la gloria, la victoria y el honor; porque todas las cosas que están en los cielos y en la tierra son tuyas. Tuyo, oh Jehová, es el reino, y tú eres excelso sobre todos" (1 Crónicas 29:11); vea también 2 Crónicas 20:12; "y dijo: Oíd, Judá todo, y vosotros moradores de Jerusalén, y tú, rey Josafat. Jehová os dice así: No temáis ni os amedrentéis delante de esta multitud tan grande, porque no es vuestra la guerra, sino de Dios. Mañana descenderéis contra ellos; he aquí que ellos subirán por la cuesta de Sis, y los hallaréis junto al arroyo, antes del desierto de Jeruel. No habrá para qué peleéis vosotros en este caso; paraos, estad quietos, y ved la salvación de Jehová con vosotros. Oh Judá y Jerusalén, no temáis ni desmayéis; salid mañana contra ellos, porque Jehová estará con vosotros" (2 Crónicas 20:15-17).

4. ¿Cómo logramos crecer en Dios? (pág.133) _____

_____

_____

_____

5. ¿Qué tiene eso que ver con el fracaso? (pág.133) _____

_____

_____

_____

6. ¿Qué es un "proceso de purificación?" (pág.133) _____

_____

_____

_____

C. Tenemos que estar dispuestos a aceptar la responsabilidad por el fracaso antes de que seamos capaces de _____. (pág.133)

1. ¿Qué ocurre cuando aceptamos la responsabilidad sobre el fracaso? (pág. 133) _____

_____

_____

_____

Para estudio adicional:

El Espíritu Santo es dado para restringir al cristiano, de manera que se mantenga puro ante Dios en pensamiento, palabra y obra- *"Y pondré dentro de vosotros mi Espíritu, y haré que andéis en mis estatutos, y guardéis mis preceptos, y los pongáis por obra"* (Ezequiel 36:27).

Manténgase puro- Vea Efesios 4:17-19, 22-24; vea también 1 Pedro 1:14, 22; 1 Juan 2:15-17; *"¿Con qué limpiará el joven su camino? Con guardar tu palabra"* (Salmos 119:9); vea también Juan 17:17; *"Ustedes ya están limpios por la palabra que les he comunicado"* (Juan 15:3 NVI).

Mantenga puro el habla – *"Con larga paciencia y tranquilidad de espíritu un juez o un gobernante es persuadido, y el hablar suave rompe la más ósea resistencia"* (Proverbios 25:15 AMP).

Determínese a seguir tras el éxito y la semejanza a Dios- Vea Deuteronomio 8:18.

Purifique sus motivos y use su ego para lograr grandes cosas para Dios- Vea Marcos 12:30.

2. Los hombres generalmente disfrutan pasar por el proceso de prueba una segunda vez. (pág.134) _____ Cierto   _____ Falso

3. ¿Por qué algunas personas se niegan a ayudar en las oportunidades de la iglesia local? (Escoja la respuesta y haga un círculo alrededor de la letra.) (pág.134)

    a. miedo al fracaso

    b. demasiados voluntarios ya

    c. no están adiestradas

D. ¿En qué se basa el miedo al fracaso? (pág.134) _____
_____

1. ¿Están los humanos condicionados naturalmente al fracaso, al éxito? (Escoja la respuesta y haga un círculo alrededor de la letra.) (pág.134)

    a. fracaso

    b. éxito

2. Lea Hebreos 2:14-15.

3. Haga una lista de lo que se necesita para superar el fracaso. (pág. 134) _____
_____
_____
_____
_____

Para estudio adicional:

El poder para resistir lo incorrecto es la clave del éxito- Vea Lucas 4:4, 8, 12.

Su sumisión al Padre, su resistencia al diablo y su rechazo al pecado fortaleció su espíritu- Vea Lucas 4:14. Para tener éxito en la vida como lo tuvo Jesús, tenemos que influir en las personas para que actúen conforme a nuestro estándar divino de comportamiento.

No permita que las crisis lo separen de Dios. Permita que Dios le lleve a través de cada crisis hacia la próxima etapa de su vida- Vea Romanos 8:38. El miedo al fracaso no es razón para la falta de compromiso- *"Porque no nos ha dado Dios espíritu de cobardía, sino de poder, de amor y de dominio propio"* (2 Timoteo 1:7).

La madurez no viene con la edad; viene con la aceptación de responsabilidad- Vea Hechos 13:22.

No podemos madurar si vamos por la vida culpando las circunstancias o a otras personas por nuestras fallas – Vea Proverbios 16:2; 21:2; vea también Génesis 3:11, 12.

4. Lea Romanos 2:2. No debemos _____ a este mundo, sino ser _____ por la renovación de nuestras mentes.

5. Lea 1 Corintios 15:45-49. ¿Cuál es nuestra naturaleza? (pág.134) _____
    _____
    _____

6. Lea Josué 1:7-8. En sus propias palabras, ¿cuáles fueron los puntos principales que Dios le enseñó a Josué sobre el éxito? (págs.135-136) _____
    _____
    _____

7. Dios instruye en el Salmo 1: 1-3 ¿para qué? (pág.136) _____
    _____
    _____

8. La prosperidad es el resultado natural, en secuencia ordenada ¿de qué? (pág.136) _____
    _____
    _____

Para estudio adicional:

Solo nosotros somos responsables por nuestra propia vida- Vea 2 Corintios 5:10.

Dios nos corrige- *"mas siendo juzgados, somos castigados por el Señor, para que no seamos condenados con el mundo"* (1 Corintios 11:32); *"y habéis ya olvidado la exhortación que como a hijos se os dirige, diciendo: Hijo mío, no menosprecies la disciplina del Señor, Ni desmayes cuando eres reprendido por él; Porque el Señor al que ama, disciplina, Y azota a todo el que recibe por hijo. Si soportáis la disciplina, Dios os trata como a hijos; porque ¿qué hijo es aquel a quien el padre no disciplina? Pero si se os deja sin disciplina, de la cual todos han sido participantes, entonces sois bastardos, y no hijos... Es verdad que ninguna disciplina al presente parece ser causa de gozo, sino de tristeza; pero después da fruto apacible de justicia a los que en ella han sido ejercitados"* (Hebreos 12:5-8, 11).

Vencer al diablo – Vea Hebreos 2:14,15; *"Pues no habéis recibido el espíritu de esclavitud para estar otra vez en temor, sino que habéis recibido el espíritu de adopción, por el cual clamamos: !!Abba, Padre!"* (Romanos 8:15).

E.   ¿Dónde ocurre el proceso de conversión? (pág.136) _____

_____

Escriba "C" para Cierto y "F" para Falso. (págs 136-137).

_____ 1.   No tenemos capacidad para pedir los recursos del cielo.

_____ 2.   El Calvario contiene más que salvación; todos los recursos del cielo se encuentran allí.

_____ 3.   A Dios no se le puede molestar con nuestras peticiones triviales.

_____ 4.   La gracia, la fuerza, el conocimiento, la sabiduría y la capacidad están escasas en el cielo.

_____ 5.   Dios es un Dios de abundancia.

_____ 6.   Jesús no está sujeto al tiempo o al espacio.

_____ 7.   Como nos sentimos cuando oramos determina cómo Dios va a contestar.

_____ 8.   El patrón de Dios para el éxito no se basa en nosotros, sino en lo ilimitado de Cristo.

F.   Defina "emulaciones." (pág.138) _____

_____

_____

_____

¿Dónde puede encontrar el patrón individual de Dios para usted? (Pág.139) _____

_____

_____

Para estudio adicional:

Identifíquese con Cristo– *"Porque si fuimos plantados juntamente con él en la semejanza de su muerte, así también lo seremos en la de su resurrección"* (Romanos 6:5); *"Y cuando esto corruptible se haya vestido de incorrupción, y esto mortal se haya vestido de inmortalidad, entonces se cumplirá la palabra que está escrita: Sorbida es la muerte en victoria. ¿Dónde está, oh muerte, tu aguijón? ¿Dónde, oh sepulcro, tu victoria?"* (1 Corintios 15:54, 55) vea también 2 Timoteo1:10.

Renueve su mente– *"No se amolden al mundo actual, sino sean transformados mediante la renovación de su mente. Así podrán comprobar cuál es la voluntad de Dios, buena, agradable y perfecta"*(Romanos 12:2 NVI).

El último Adán– *"Así también está escrito: Fue hecho el primer hombre Adán alma viviente; el postrer Adán, espíritu vivificante. Mas lo espiritual no es primero, sino lo animal; luego lo espiritual. El primer hombre es de la tierra, terrenal; el segundo hombre, que es el Señor, es del cielo. Cual el terrenal, tales también los terrenales; y cual el celestial, tales también los celestiales. Y así como hemos traído la imagen del terrenal, traeremos también la imagen del celestial"* (1 Corintios 15:45-49).

Práctica:

1.   A través de este estudio, hemos visto repetidamente que Dios no terminará las cosas en un negativo. ¿Por qué es tan importante entender esto? _____

_____

_____

_____

¿Por qué este principio necesita tanta repetición para que lo entendamos? _____

_____

_____

_____

2.   Medite en Proverbios 24:10.

Repita en voz alta esta oración:

Padre, gracias porque otra vez hoy soy más que un vencedor. Doy la espalda a los patrones de pensamiento limitados y sin fe que he tenido, y miro hacia todo lo que Jesús hizo por mí en el Calvario. Estoy asombrado de todo lo que me has provisto a través de tu Hijo. Gracias con todo mi corazón. Confío en que tú me llevarás a un nuevo nivel de vida debido a este nuevo conocimiento de ti. Oro en el maravilloso nombre de Cristo. Amén.

Para estudio adicional:

Viva la Palabra – *"Solamente esfuérzate y sé muy valiente, para cuidar de hacer conforme a toda la ley que mi siervo Moisés te mandó; no te apartes de ella ni a diestra ni a siniestra, para que seas prosperado en todas las cosas que emprendas. Nunca se apartará de tu boca este libro de la ley, sino que de día y de noche meditarás en él, para que guardes y hagas conforme a todo lo que en él está escrito; porque entonces harás prosperar tu camino, y todo te saldrá bien"* (Josué 1:7, 8).

Deléitese en el Señor – *"Bienaventurado el varón que no anduvo en consejo de malos, Ni estuvo en camino de pecadores, Ni en silla de escarnecedores se ha sentado; Sino que en la ley de Jehová está su delicia, Y en su ley medita de día y de noche. Será como árbol plantado junto a corrientes de aguas, Que da su fruto en su tiempo, Y su hoja no cae; Y todo lo que hace, prosperará"* (Salmos 1:1-3).

Crucificado con Cristo – Vea Colosenses 1:20; *"sabiendo esto, que nuestro viejo hombre fue crucificado juntamente con él, para que el cuerpo del pecado sea destruido, a fin de que no sirvamos más al pecado"* (Romanos 6:6); *"Con Cristo estoy juntamente crucificado, y ya no vivo yo, mas vive Cristo en mí; y lo que ahora vivo en la carne, lo vivo en la fe del Hijo de Dios, el cual me amó y se entregó a sí mismo por mí"* (Gálatas 2:20).

Auto examen Lección 9

1. Es siempre más fácil obtener que _____.

2. En la creación, Dios empezó con un positivo, pero debido al pecado del hombre, terminará en un negativo. _____ Cierto   _____ Falso

3. El proceso de purificación de Dios nos libera del fracaso por medio de la prueba.
   _____ Cierto   _____ Falso

4. ¿Por qué es importante aceptar personalmente la responsabilidad por nuestros fracasos?
   _____
   _____
   _____

5. ¿Por qué algunas personas tienen miedo a aceptar responsabilidades en la iglesia local? ___
   _____
   _____
   _____

6. ¿En qué se basa el miedo al fracaso? _____
   _____
   _____
   _____

7. ¿Cuál es el resultado natural, ordenado en secuencia, de una vida justa? _____
   _____
   _____
   _____

8. ¿Cuán limitado es Cristo? _____
   _____
   _____
   _____

Guarde este examen para sus récords.

Lección 10
El poder de su confesión de fe
(Parte 1)

Lección 10
El poder de su confesión de fe (Parte 1)

A.   Lea: *"Todo aquel que me reconozca en público aquí en la tierra también lo reconoceré delante de mi Padre en el cielo; pero al que me niegue aquí en la tierra también yo lo negaré delante de mi Padre en el cielo"* (Mateo 10:32, 33 NTV).

1.   Este principio trae una actitud de _____
     _____. (pág.141)

2.   La confesión de Cristo como Señor es _____
     _____. (pág.142)

3.   Haga una lista de los tipos de confesiones que ayudan a establecer la presencia de Dios en nuestras vidas. (pág.142) _____
     _____
     _____
     _____

Para estudio adicional:

Confesar a Cristo ante los hombres – *"Porque el que se avergonzare de mí y de mis palabras en esta generación adúltera y pecadora, el Hijo del Hombre se avergonzará también de él, cuando venga en la gloria de su Padre con los santos ángeles"* (Marcos 8:38); *"Si sufrimos, también reinaremos con él; Si le negáremos, él también nos negará"* (2 Timoteo 2:12); *"El que venciere será vestido de vestiduras blancas; y no borraré su nombre del libro de la vida, y confesaré su nombre delante de mi Padre, y delante de sus ángeles"*(Apocalipsis 3:5); ver además Mateo 16:17; *"Entonces él les dijo: Y vosotros, ¿quién decís que soy? Respondiendo Pedro, le dijo: Tú eres el Cristo"* (Marcos 8:29); ver además Lucas 9:20; *"Le dijo: Sí, Señor; yo he creído que tú eres el Cristo, el Hijo de Dios, que has venido al mundo"* (Juan 11:27); ver también Hechos 8:37.

B. Mencione algunos efectos de orar y confesar lo positivo. (págs. 142-143) _____
_____
_____

1. ¿Por qué no podemos simplemente orar en contra de lo negativo? (pág.143-144) _____
_____
_____

2. ¿Cuál es un buen patrón de oración para nuestros hijos? (pág.143) _____
_____
_____

3. ¿Cómo podemos liberar el poder de Dios en nuestras vidas y en las vidas de quienes nos rodean? (pág.143) _____
_____
_____

4. Lea: *"¿Qué afirma entonces? «La palabra está cerca de ti; la tienes en la boca y en el corazón.» Ésta es la palabra de fe que predicamos: que si confiesas con tu boca que Jesús es el Señor, y crees en tu corazón que Dios lo levantó de entre los muertos, serás salvo. Porque con el corazón se cree para ser justificado, pero con la boca se confiesa para ser salvo"* (Romanos 10:8-10 NVI).

Para estudio adicional:

Las palabras de confesión y contricción revelan una actitud de arrepentimiento y obediencia- Vea Salmos 51:3, 4; *"Crea en mí, oh Dios, un corazón limpio y renueva un espíritu fiel dentro de mí... Restaura en mí la alegría de tu salvación y haz que esté dispuesto a obedecerte"* (Salmos 51:10, 12 NTV).
La audacia es una forma de valor – Vea Proverbios 10:10 AMP, NTV; vea además Hebreos 13:6; 1 Pedro 3:15.
Los hombres exitosos son valientes en su identificación con sus creencias, productos o actividad, y en su confesión de ellos- Vea Salmos 119:46; vea también Romanos 1:16.
Venza el miedo al hombre, identifíquese con Jesús abiertamente, y sea valiente confesándolo a Él - *"Y no temáis a los que matan el cuerpo, mas el alma no pueden matar; temed más bien a aquel que puede destruir el alma y el cuerpo en el infierno. .. A cualquiera, pues, que me confiese delante de los hombres, yo también le confesaré delante de mi Padre que está en los cielos. Y a cualquiera que me niegue delante de los hombres, yo también le negaré delante de mi Padre que está en los cielos"* (Mateo 10: 28, 32, 33).

C. Confesar a Jesús es necesario para _____

_____. (pág.144)

1. ¿Cómo llegamos a ser aceptables para Dios? (Escoja la respuesta y haga un círculo alrededor de la letra.) (pág.144)

a. peinando nuestro   b. haciendo buenas   c. identificación con
    cabello   obras   Jesús

2. ¿Cuál es la diferencia entre involucrarse e identificarse? (Escoja la respuesta y haga un círculo alrededor de la letra.) (pág.144)

a. Una puede ser "iglesismo", mientras la otra es cristianismo.

b. Una es más aceptable para Dios que otra.

c. Una toma menos tiempo que la otra.

3. ¿Qué ocurre el momento cuando confesamos a Cristo? (pág.144)

a. Somos _____ con Él.

b. Él _____ nosotros ante el Padre.

c. _____ está   complacido   con   nuestra identificación por fe.

d. Él _____ nosotros ante los hombres de muchas maneras.

_____

Para estudio adicional:

Identifíquese con Cristo – Vea Juan 12:25,26; vea también Romanos 6:4; 12:1,2; 13:14; Efesios 4:22-24; Colosenses 3:1-10; 1 Pedro 2:1-3. Cuando perdemos nuestra vida en identificación con Jesucristo, encontramos una vida más grande que de otra manera nunca hubiéramos conocido- *"Cualquiera que encuentre su vida (más baja), la perderá, y quien pierda su vida por Mi cuenta, la encontrará (la vida superior)"* (Mateo 10:39 AMP).

Evite asociaciones con los hipócritas "sabiondos de iglesia" que hacen juegos religiosos. Su engaño es peligroso para la dedicación. – *"Actuarán como religiosos pero rechazarán el único poder capaz de hacerlos obedientes a Dios. ¡Aléjate de esa clase de individuos"* (2 Timoteo 3:5 NTV); vea también Salmos 50:16, 17; Proverbios 13:20. *"Dice, pues, el Señor: Porque este pueblo se acerca a mí con su boca, y con sus labios me honra, pero su corazón está lejos de mí, y su temor de mí no es más que un mandamiento de hombres que les ha sido enseñado"* (Isaías 29:13).

4.   ¿Cómo podemos ver los resultados de Dios en nuestras vidas? (Escoja la respuesta y haga un círculo alrededor de la letra.) (pág.144)

a.   orar con más fuerza

b.   ayunar

c.   hacer lo que Cristo dice y confesarlo

D.   Lea 1 Corintios 2:16.

¿Qué es lo que tenemos? (pág.145) _____

_____.

1.   ¿Qué es aún más grande que estar identificados con Cristo? (Escoja la respuesta y haga un círculo alrededor de la letra.) (pág.145)

a.   Dios identificado con nosotros.

b.   Ser capaces de arreglárselas en esta vida.

c.   Nuestras emociones de gozo sobre eso.

Para estudio adicional:

El cielo no está reservado para los sabiondos de iglesia; es la recompensa de los justos. Solo a los espíritus obedientes se les permite entrar al Cielo – *"¿Quién subirá al monte de Jehová?¿Y quién estará en su lugar santo? El limpio de manos y puro de corazón;l que no ha elevado su alma a cosas vanas,Ni jurado con engaño"* (Salmos 24:3, 4);

La pureza es la regla del día en el Cielo- Vea Job 31:1.

Dios no mira la apariencia de una persona, sino a su corazón- *"Y Jehová respondió a Samuel: No mires a su parecer, ni a lo grande de su estatura, porque yo lo desecho; porque Jehová no mira lo que mira el hombre; pues el hombre mira lo que está delante de sus ojos, pero Jehová mira el corazón"* (1 Samuel 16:7); vea también 1 Crónicas 28:9.

El pecado es contagioso; la santidad no lo es. Vea Hageo 2:11-14; vea además 1 Corintios 15:33.

Disciplínese a hacer lo que Dios le dice que haga. Dele a Dios su obediencia inmediata- *"Me apresuré y no me retardé en guardar tus mandamientos"* (Salmos 119:60); Recuerde que una onza de obediencia vale una tonelada de oración- Vea 1 Samuel 15:22; vea además Salmos 40:6.

2. La _____ establece la obra de Dios en nuestras vidas. (pág.145)

3. ¿Cuál es un hecho verdadero de la historia de los leprosos que no dijeron "gracias", excepto por uno? (pág.145) _____

4. Confesar a Cristo es esencial para _____.
(Llene el espacio en blanco.) (pág.145) saber quién es usted en la vida | comprometerse con Cristo | vivir una buena vida

---

Para estudio adicional:

La mente de Cristo – *"Porque ¿quién conoció la mente del Señor? ¿Quién le instruirá? Mas nosotros tenemos la mente de Cristo"* (1 Corintios 2:16).
"Y dijo: Yo soy el Dios de tu padre, Dios de Abraham, Dios de Isaac, y Dios de Jacob. Entonces Moisés cubrió su rostro, porque tuvo miedo de mirar a Dios." (Éxodo 3:6); *"Yo soy el Dios de Abraham, el Dios de Isaac y el Dios de Jacob? Dios no es Dios de muertos, sino de vivos"* (Mateo 22:32).
La gratitud del leproso- *"Y al entrar en una aldea, le salieron al encuentro diez hombres leprosos, los cuales se pararon de lejos y alzaron la voz, diciendo: !!Jesús, Maestro, ten misericordia de nosotros! Cuando él los vio, les dijo: Id, mostraos a los sacerdotes. Y aconteció que mientras iban, fueron limpiados. Entonces uno de ellos, viendo que había sido sanado, volvió, glorificando a Dios a gran voz, y se postró rostro en tierra a sus pies, dándole gracias; y éste era samaritano. Respondiendo Jesús, dijo: ¿No son diez los que fueron limpiados? Y los nueve, ¿dónde están? ¿No hubo quien volviese y diese gloria a Dios sino este extranjero? Y le dijo: Levántate, vete; tu fe te ha salvado"* (Lucas 17:12-19).

Práctica:

1.   Algunas personas acusan a la Iglesia de reprimir y suprimir, pero los cristianos realmente se expresan y confiesan. ¿Cuál es la diferencia? _____

_____

_____

_____

2.   Mucho se ha distorsionado con el mensaje de la "confesión positiva". ¿Cuál es una visión balanceada? _____

_____

_____

_____

Repita en voz alta esta oración:

Padre, quiero orar echando fuera todos los negativos, y orar en todos los positivos. Gracias porque no me has llamado a ser perfecto, sino a ser arrepentido, y según me arrepiento de todos mis pecados conocidos, recibo tu perdón, tu corrección, tu gracia y tu amor en una medida mayor que nunca antes. Yo creo en ti para que los positivos en mi vida pesen más que los negativos, y gracias por eso ahora mismo. En el nombre de Jesús, amén.

Para estudio adicional:

"Porque cual es su pensamiento en su corazón, tal es él.Come y bebe, te dirá;Mas su corazón no está contigo" (Proverbios 23:7).

Auto Examen Lección 10

1.   La confesión de Jesucristo como el Señor es la base de la salvación.
        _____ Cierto   _____ Falso

2.   La alabanza es una confesión positiva de Cristo que carga la atmósfera a nuestro alrededor.
        _____ Cierto   _____ Falso

3.   ¿Cómo llegamos a ser aceptables para Dios? (Escoja la respuesta y haga un círculo alrededor de la letra.)

        a. peinando nuestro cabello

        b. haciendo buenas obras

        c. confesando a Cristo

4.   ¿Cuál es la diferencia entre involucrarse e identificarse? (Escoja la respuesta y haga un círculo alrededor de la letra.)

        a. Uno puede ser "iglesismo", mientras el otro es cristianismo.

        b. Uno es más aceptable para Dios que el otro.

        c. Uno toma menos tiempo que el otro.

5.   El momento cuando confesamos a Cristo complacemos a Dios.
        _____ Cierto   _____ Falso

6.   Es mucho más grande para Dios estar dispuesto a identificarse con nosotros que para nosotros estar dispuestos a identificarnos con Dios Todopoderoso.
        _____ Cierto   _____ Falso

7.   La confesión de fe en Jesucristo establece _____
        _____ en nuestras vidas.

Guarde este examen para sus récords.

Lección 11
El poder de su confesión de fe (Parte 2)

Lección 11
El poder de su confesión de fe (Parte 2)

A. Complete las siguientes oraciones usando estas palabras: (pág.145-146)
admitimos | cambiar | confesamos | creemos

1. Somos lo que _____.

2. Estamos comprometidos con lo que _____.

3. Si no lo confesamos, no _____ lo que creemos.

4. Si no lo admitimos, podemos _____ nuestras creencias.

B. La confesión es esencial para: (Escoja la respuesta y haga un círculo alrededor de la letra.) (pág.146)

1. identificación

2. compromiso

3. relación

4. todas las anteriores

Para estudio adicional:

Dios se compromete con el carácter, no con el talento- *"Y su señor le dijo: Bien, buen siervo y fiel; sobre poco has sido fiel, sobre mucho te pondré; entra en el gozo de tu señor"* (Mateo 25:21); ver además Lucas 16:10; 2 Timoteo 2:2.

No se sienta avergonzado de su compromiso con Dios- Vea Lucas 9:26. Sea valiente en palabras y acciones.- Vea Hechos 4:13.

Si usted toma una decisión de calidad para honrar a Dios en sus pensamientos, palabras, motivos y acciones, Dios lo honrará- *"Si alguno me sirve, sígame; y donde yo estuviere, allí también estará mi servidor. Si alguno me sirviere, mi Padre le honrará"* (Juan 12:26).

Confiese a Cristo – *"Os digo que todo aquel que me confesare delante de los hombres, también el Hijo del Hombre le confesará delante de los ángeles de Dios; mas el que me negare delante de los hombres, será negado delante de los ángeles de Dios"* (Lucas 12:8, 9); vea también Filipenses 2:11; *"Todo aquel que confiese que Jesús es el Hijo de Dios, Dios permanece en él, y él en Dios"* (1 Juan 4:15; 5:5).

C.   Satanás es llamado _____. (Llene el espacio en blanco.) (pág.146)   el que nos sostiene | "acusador de nuestros hermanos" | un debilucho

1.   ¿Qué quiere Satanás para nuestras vidas, contrario a lo que Dios quiere? (pág.146) _____
     _____
     _____

2.   ¿Qué ofrece Jesús para derrotar a Satanás? (pág.146) _____
     _____
     _____

3.   Cuando nos identificamos con Jesús confesándolo, nos alineamos con _____
     _____. (pág.147)

4.   Es incorrecto decir que: (Escoja las respuestas que aplican y haga un círculo alrededor de las letras.) (pág.147)

     a.   Somos más de lo que realmente somos.

     b.   Somos cristianos.

     c.   Somos menos de lo que realmente somos.

     d.   Estamos creciendo en fe.

Para estudio adicional:

La naturaleza de Satanás- *"Entonces oí una gran voz en el cielo, que decía: Ahora ha venido la salvación, el poder, y el reino de nuestro Dios, y la autoridad de su Cristo; porque ha sido lanzado fuera el acusador de nuestros hermanos, el que los acusaba delante de nuestro Dios día y noche"* (Apocalipsis 12:10); vea también Job 1:9-11; 2:4, 5; *"Me mostró al sumo sacerdote Josué, el cual estaba delante del ángel de Jehová, y Satanás estaba a su mano derecha para acusarle"* (Zacarías 3:1); *"Entonces Jesús le dijo: Vete, Satanás, porque escrito está: Al Señor tu Dios adorarás, y a él sólo servirás"* (Mateo 4:10; 16:23); *"para que Satanás no gane ventaja alguna sobre nosotros; pues no ignoramos sus maquinaciones."* (2 Corintios 2:11); vea además 1 Tesalonicenses 2:18; *"para que abras sus ojos, para que se conviertan de las tinieblas a la luz, y de la potestad de Satanás a Dios; para que reciban, por la fe que es en mí, perdón de pecados y herencia entre los santificados"* (Hechos 26:18); *"Y el Dios de paz aplastará en breve a Satanás bajo vuestros pies. La gracia de nuestro Señor Jesucristo sea con vosotros"* (Romanos 16:20).

5. ¿Qué ocurre cuando decimos que somos "menos de lo que somos" en Cristo? (Escoja su respuesta y haga un círculo alrededor de la letra.) (pág.147)

   a.   Disminuimos el poder de Dios en nuestras vidas.

   b.   Somos verdaderamente humildes.

   c.   Dios está complacido con nosotros.

6. ¿Por qué tantas personas son débiles en la fe? (Escoja su respuesta y haga un círculo alrededor de la letra.) (pág.147)

   a.   Están esperando que Dios termine de perfeccionarlos.

   b.   Los mensajes de su predicador no les enseñan suficiente.

   c.   Son débiles en su confesión y su identificación con Cristo.

D.   Escriba 2 Corintios 5:17. _____

_____

_____

_____

_____

_____

Para estudio adicional:

Auto imagen- *"Digo, pues, por la gracia que me es dada, a cada cual que está entre vosotros, que no tenga más alto concepto de sí que el que debe tener, sino que piense de sí con cordura, conforme a la medida de fe que Dios repartió a cada uno"* (Romanos 12:3); *"Pero esto, hermanos, lo he presentado como ejemplo en mí y en Apolos por amor de vosotros, para que en nosotros aprendáis a no pensar más de lo que está escrito, no sea que por causa de uno, os envanezcáis unos contra otros"* (1 Corintios 4:6).

Nuevo en Cristo – *"Porque en Cristo Jesús ni la circuncisión vale nada, ni la incircuncisión, sino una nueva creación"* (Gálatas 6:15).

1. ¿Cómo puede usted ejercitarse espiritualmente? (pág.149) _____

    _____

    _____

    _____

2. ¿Qué significa "practicar" la fe? (Escoja las respuestas que aplican, y haga círculos alrededor de las letras.) (pág.149)

    a. Ensayar sermones frente al espejo

    b. Repasar su testimonio

    c. Estudiar la Palabra de Dios

    d. Pretender que usted es un líder de adoración en la iglesia

    e. Confesar a Cristo en privado y a otros públicamente

    f. Memorizar y repetir Escrituras

3. Lea Lucas 4:1-14. ¿Cómo superó Jesús la tentación del diablo? _____

    _____

4. Escriba Apocalipsis 12:11. _____

    _____

    _____

    _____

    _____

Para estudio adicional:

Gracia – *"Pero cuando se manifestó la bondad de Dios nuestro Salvador, y su amor para con los hombres, nos salvó, no por obras de justicia que nosotros hubiéramos hecho, sino por su misericordia, por el lavamiento de la regeneración y por la renovación en el Espíritu Santo, el cual derramó en nosotros abundantemente por Jesucristo nuestro Salvador, para que justificados por su gracia, viniésemos a ser herederos conforme a la esperanza de la vida eterna"* (Tito 3:4-7).

Ejercitar santidad– *"Desecha las fábulas profanas y de viejas. Ejercítate para la piedad; porque el ejercicio corporal para poco es provechoso, pero la piedad para todo aprovecha, pues tiene promesa de esta vida presente, y de la venidera. Palabra fiel es esta, y digna de ser recibida por todos. Que por esto mismo trabajamos y sufrimos oprobios, porque esperamos en el Dios viviente, que es el Salvador de todos los hombres, mayormente de los que creen"* (1 Timoteo 4:7-10).

Vencer a Satanás – *"Respondiendo Jesús, le dijo: Vete de mí, Satanás, porque escrito está: Al Señor tu Dios adorarás, y a él solo servirás."* (Lucas 4:8); *"Y ellos le han vencido por medio de la sangre del Cordero y de la palabra del testimonio de ellos, y menospreciaron sus vidas hasta la muerte"* (Apocalipsis 12:11).

E. ¿Cuáles verdades escriturales usted puede confesar sobre su vida? (pág.150) _____

_____

_____

_____

_____

Práctica:

1. Lonnie es un hombre que nunca se levanta sobre lo ordinario. Solicita promociones en el trabajo, pero siempre le pasan por alto. Sus hijos son un problema de disciplina en la escuela. Él se siente mal sobre sí mismo, y no admite que es cristiano porque piensa que es un mal ejemplo.

¿Qué necesita Lonnie hacer diferente? _____

_____

_____

_____

¿Qué puede esperar como resultado? _____

_____

_____

_____

_____

_____

Para estudio adicional:

Estudie y actúe sobre la Palabra- *"Procura con diligencia presentarte a Dios aprobado, como obrero que no tiene de qué avergonzarse, que usa bien la palabra de verdad"* (2 Timoteo 2:15); vea también Josué 22:5.

Confiese a Cristo – *"que si confesares con tu boca que Jesús es el Señor, y creyeres en tu corazón que Dios le levantó de los muertos, serás salvo. Porque con el corazón se cree para justicia, pero con la boca se confiesa para salvación"* (Romanos 10:9, 10).

2.   El Apóstol Pablo le enseñó esto a Timoteo, un joven pastor. Subraye lo que usted considera que son las frases clave en este párrafo:

"No pierdas el tiempo discutiendo sobre ideas mundanas y cuentos de viejas. En lugar de eso, entrénate para la sumisión a Dios. «El entrenamiento físico es bueno, pero entrenarse en la sumisión a Dios es mucho mejor, porque promete beneficios en esta vida y en la vida que viene».9 Esta declaración es digna de confianza, y todos deberían aceptarla" (1 Timoteo 4:7-9 NTV).

3.   ¿Qué va a hacer usted esta semana para implementar lo discutido en este capítulo? _____

_____

_____

_____

_____

_____

Repita en voz alta esta oración:

Gracias, Padre, por mostrarme la verdad sobre la confesión de mi fe. Quiero empezar a confesar lo positivo, confesando quién tú eres y confesando Tu Palabra. Me doy cuenta de mi error, y estoy receptivo y dispuesto para que tú empieces a llevarme a convicción si caigo en eso otra vez. Quiero formar un buen hábito con mis palabras, y confío en ti para que me ayudes con eso. En el nombre de Cristo, oro. Amén.

Para estudio adicional:

Viva para los sueños dados por Dios, deseos inspirados divinamente que se hacen realidad a través del poder de la resurrección dentro de usted- *"Por tanto, amados míos, como siempre habéis obedecido, no como en mi presencia solamente, sino mucho más ahora en mi ausencia, ocupaos en vuestra salvación con temor y temblor, porque Dios es el que en vosotros produce así el querer como el hacer, por su buena voluntad"* (Filipenses 2:12, 13).

Determínese a vivir al nivel del potencial que hay dentro de usted, puesto allí por Dios- Vea Filipenses 3:12.

La libertad del pecado permite que la gloria y el poder de Dios fluyan a través de su vida- Vea 1 Juan 3:21, 22.

La sanidad, la aceptación, el poder y la gracia del Señor le dan al creyente la capacidad de enfrentar el mundo y su realidad- Vea Salmos 23: 4, 5; Jesús da una paz, una estabilidad interna, que es un misterio para el mundo, pero un consuelo para el creyente- *"La paz os dejo, mi paz os doy; yo no os la doy como el mundo la da. No se turbe vuestro corazón, ni tenga miedo"* (Juan 14:27); vea Filipenses 4:7.

Auto examen Lección 11

1.	La confesión es esencial para: (Escoja su respuesta y haga un círculo alrededor de la letra.)

	a.	identificación

	b.	compromiso

	c.	relación

	d.	todas las anteriores

2.	Estamos comprometidos con lo que confesamos. _____ Cierto _____ Falso

3.	Si lo creemos en nuestro corazón, eso es lo que importa. No lo tenemos que confesar.
	_____ Cierto _____ Falso

4.	Si lo creemos, pero no lo confesamos, podemos cambiar nuestras creencias.
	_____ Cierto _____ Falso

5.	¿Cuál es un término bíblico para Satanás? _____
	_____

6.	Cuando decimos que somos menos de lo que somos, ¿qué disminuye? _____
	_____

7.	¿Cómo Jesús superó las tentaciones del diablo? _____
	_____

8.	Mencione algunas maneras en que podemos "practicar" nuestra fe. _____
	_____
	_____
	_____
	_____

Guarde este examen para sus récords.

Lección 12
Hablar la Palabra de Dios

Lección 12
Hablar la Palabra de Dios

A. Fuimos creados por Dios para _____ su imagen. (pág.151)

1. Como tales, tenemos su poder _____. (Llene el espacio en blanco.) (pág. 151) super | creador | inferior

2. Hablando la Palabra de Dios, tenemos poder _____ en nuestras circunstancias. (Llene el espacio en blanco.) (pág.151) creador | poco | negativo

B. El hombre es capaz de influir en el resultado de su vida: (Escoja su respuesta y haga un círculo alrededor de la letra.) (pág.152)

a. repitiendo cantos y poemas   b. con sus palabras   c. con mucha dificultad

1. Busque y lea en voz alta Hebreos 11:3.

Para estudio adicional:

Como un hombre, usted fue creado por Dios para ser exitoso, un héroe y un campeón- *"Entonces dijo Dios: Hagamos al hombre a nuestra imagen, conforme a nuestra semejanza; y señoree en los peces del mar, en las aves de los cielos, en las bestias, en toda la tierra, y en todo animal que se arrastra sobre la tierra"*(Génesis 1:26); *"Le has hecho poco menor que los ángeles, Y lo coronaste de gloria y de honra"* (Salmos 8:5); *"todos los llamados de mi nombre; para gloria mía los he creado, los formé y los hice"* (Isaías 43:7).
Las palabras son poderosas – *"La muerte y la vida están en poder de la lengua, Y el que la ama comerá de sus frutos"* (Proverbios 18:21).
Satanás quiere destruir nuestra palabra– Vea Marcos 4:15; vea además Juan 10:10.
Tenemos que vigilar nuestra palabra – Vea Colosenses 4:6; vea también Tito 1:16; Santiago 3:2; *"Porque: El que quiere amar la vida Y ver días buenos, Refrene su lengua de mal, Y sus labios no hablen engaño"* (1 Pedro 3:10).

2. Lea: *"El ser [moral] de un hombre será llenado con el fruto de su boca;; y con la consecuencia de sus palabras debe ser satisfecho, (para bien o para mal). La muerte y la vida están en el poder de la lengua, y aquellos que se dan el gusto comerán el fruto de ella (para muerte o para vida)"* (Proverbios 18:20, 21 AMP).

    Re-escriba los mismos proverbios en sus propias palabras. _____
    _____
    _____
    _____
    _____

3. Toda la fuerza creadora de un hombre empieza con _____
    _____. (Llene el espacio en blanco.) (pág.152)
    una buena idea | planeando reuniones | su palabra

C. Lea Marcos 4: 39. ¿Qué demostró Jesús en esta tierra? (pág.153) _____
    _____

    1. Jesús tenía el Espíritu de Dios _____
        _____. (pág.153)

    2. Nosotros tenemos el Espíritu de Dios _____
        _____. (pág.153)

Para estudio adicional:

La palabra y el carácter de un hombre – Vea Proverbios 21:8; 24:3, 4; *"El hombre bueno, del buen tesoro de su corazón saca lo bueno; y el hombre malo, del mal tesoro de su corazón saca lo malo; porque de la abundancia del corazón habla la boca"* (Lucas 6:45).
La Palabra de Dios – Vea Lucas 21:33; vea también Juan 1:1.
Nuestra palabra – Salmos 24:3, 4; vea también Proverbios 25:13, 19
"Por la fe entendemos haber sido constituido el universo por la palabra de Dios, de modo que lo que se ve fue hecho de lo que no se veía" (Hebreos 11:3).
Use sus palabras – *"El hombre será saciado de bien del fruto de su boca; Y le será pagado según la obra de sus mano"* (Proverbios 12:14); *"Del fruto de su boca el hombre comerá el bien; Mas el alma de los prevaricadores hallará el mal."* (Proverbios 13:2); *"Porque por tus palabras serás justificado, y por tus palabras serás condenado"* (Mateo 12:37).

3.   ¿Cómo podemos tener una mayor medida del Espíritu de Dios? (págs. 153-154.) _____
_____

4.   Lea Marcos 11:22-24 y Juan 14:12.

5.   ¿Qué entendió Pedro cuando le dijo al hombre cojo, *"No tengo plata ni oro, pero lo que tengo te doy; en el nombre de Jesucristo de Nazaret, levántate y anda"* (Hechos 3:6)? (pág.154) ___
_____
_____

6.   ¿Pablo también lo entendió? Lea Hechos 14:9-10. _____ Sí   _____ No

---

Para estudio adicional:

Use las palabras de Cristo- *"Y levantándose, reprendió al viento, y dijo al mar: Calla, enmudece. Y cesó el viento, y se hizo grande bonanza"* (Marcos 4:39); *"Porque el que Dios envió, las palabras de Dios habla; pues Dios no da el Espíritu por medid"* (Juan 3:34).
Haga las obras de Cristo- *"De cierto, de cierto os digo: El que en mí cree, las obras que yo hago, él las hará también; y aun mayores hará, porque yo voy al Padre"* (Juan 14:12); *"Respondiendo Jesús, les dijo: De cierto os digo, que si tuviereis fe, y no dudareis, no sólo haréis esto de la higuera, sino que si a este monte dijereis: Quítate y échate en el mar, será hecho"* (Mateo 21:21); *"Respondiendo Jesús, les dijo: Tened fe en Dios. Porque de cierto os digo que cualquiera que dijere a este monte: Quítate y échate en el mar, y no dudare en su corazón, sino creyere que será hecho lo que dice, lo que diga le será hecho. Por tanto, os digo que todo lo que pidiereis orando, creed que lo recibiréis, y os vendrá"* (Marcos 11:22-24).

D. Cada palabra que hablamos es realmente una palabra _____
    _____. (pág.154)

1. ¿Cuáles son algunas de las cosas que creamos, buenas o malas, con nuestras palabras?
    (pág.155) _____
    _____

2. Jesús dijo que nuestra vida de pensamiento nos puede arruinar. (pág.155)
    _____ Cierto   _____ Falso

3. Lea: *"Y entonces agregó: «Es lo que sale de su interior lo que los contamina. Pues de adentro, del corazón de la persona, salen los malos pensamientos, la inmoralidad sexual, el robo, el asesinato, el adulterio, la avaricia, la perversidad, el engaño, los deseos sensuales, la envidia, la calumnia, el orgullo y la necedad. Todas esas vilezas provienen de adentro; esas son las que los contaminan»".* (Marcos 7:20-23 NTV).

E. ¿De dónde surgen sus palabras? (Escoja su respuesta y haga un círculo alrededor de la letra.)
    (pág.156)

    a. su corazón   b. su mente   c. influencias
                                                              externas

1. La vida de pensamiento de Dios está en su Palabra. (pág.156) _____ Cierto _____ Falso

2. Leer la Palabra de Dios no es un concurso de tiempo ni de longitud. (pág.156)
    _____ Cierto   _____ Falso

3. Leer la Biblia le da _____. (pág.156)

Para estudio adicional:

La palabra creadora- Vea Génesis 1:3; vea también Juan 1:1-3; *"Este oyó hablar a Pablo, el cual, fijando en él sus ojos, y viendo que tenía fe para ser sanado, dijo a gran voz: Levántate derecho sobre tus pies. Y él saltó, y anduvo"* (Hechos 14: 9, 10); *"De cierto, de cierto os digo: El que en mí cree, las obras que yo hago, él las hará también; y aun mayores hará, porque yo voy al Padre"* (Juan 14:12).

Vigile su corazón y sus palabras- *"Porque del corazón salen los malos pensamientos, los homicidios, los adulterios, las fornicaciones, los hurtos, los falsos testimonios, las blasfemias"* (Mateo 15:19); *"Pero decía, que lo que del hombre sale, eso contamina al hombre. Porque de dentro, del corazón de los hombres, salen los malos pensamientos, los adulterios, las fornicaciones, los homicidios, los hurtos, las avaricias, las maldades, el engaño, la lascivia, la envidia, la maledicencia, la soberbia, la insensatez. Todas estas maldades de dentro salen, y contaminan al hombre"* (Marcos 7:20-23); *"Mas yo os digo que de toda palabra ociosa que hablen los hombres, de ella darán cuenta en el día del juicio"* (Mateo 12:36).

4. Según aprendemos a pensar los pensamientos de Dios, empezaremos a hablar
    _____ de Dios. (pág.156)

5. Jesús dijo que el Reino de Dios está "_____."
    (pág.156)

    Lea Lucas 17:21.

6. ¿Qué es lo mejor que usted puede hacer cuando se da cuenta de que está trayendo a
    existencia una situación negativa con sus palabras? (pág.157) _____
    _____
    _____
    _____

F. ¿Qué significa que "Dios habita en la alabanza de su pueblo"?. (pág. 157) _____
    _____
    _____

1. Hable palabras de _____, no de miedo. (pág.158)

2. Para vivir victoriosamente, debemos: (pág. 158)

    a. Ser purificados de _____.

    b. Confesar _____.

    c. Hablar _____ de Dios.

Para estudio adicional:

"Mas el fruto del Espíritu es amor, gozo, paz, paciencia, benignidad, bondad, fe, mansedumbre, templanza; contra tales cosas no hay ley" (Gálatas 5:22, 23).

Renueve su mente – "y renovaos en el espíritu de vuestra mente" (Efesios 4:23); "Haya, pues, en vosotros este sentir que hubo también en Cristo Jesús" (Filipenses 2:5); "Puesto que Cristo ha padecido por nosotros en la carne, vosotros también armaos del mismo pensamiento; pues quien ha padecido en la carne, terminó con el pecado" (1 Pedro 4:1).

El Reino de Dios– "ni dirán: Helo aquí, o helo allí; porque he aquí el reino de Dios está entre vosotros" (Lucas 17:21).

Dios habita en nuestra alabanza – "Pero tú eres santo, Tú que habitas entre las alabanzas de Israel" (Salmos 22:3).

3. Los campeones no son aquellos que nunca _____, sino aquellos que nunca _____. (pág.159)

Práctica:

Lea Mateo 12:33-37.

¿Qué necesita hacer hoy para asegurarse de que su vida está construida sobre las palabras correctas? _____

_____

_____

Repita en voz alta esta oración:

Padre, en el nombre de Jesús, veo que los mundos fueron creados por tu Palabra hablada. Tú me has dicho que renueve mi mente, utilice la fe de Dios, y aprenda a hablarles a las montañas. Por favor, perdóname por hablar incorrectamente aquello que está fuera de acuerdo con tu plan para mi vida. Yo estoy llamado por Tu Nombre, lleno con tu Espíritu, y mi boca fue creada para hablar en acuerdo con tu voluntad. Usaré mis palabras para diseñar, equipar y poner en orden mi vida. Gracias por hacer de mí un campeón en Cristo Jesús. Amén.

Para estudio adicional:

El principio de liberación – *"Entonces Jesús...respire sobre ellos y les dijo: ¡Reciban el Espíritu Santo!"* (Juan 20:21, 22 AMP). *"O haced el árbol bueno, y su fruto bueno, o haced el árbol malo, y su fruto malo; porque por el fruto se conoce el árbol. ¡Generación de víboras! ¿Cómo podéis hablar lo bueno, siendo malos? Porque de la abundancia del corazón habla la boca. El hombre bueno, del buen tesoro del corazón saca buenas cosas; y el hombre malo, del mal tesoro saca malas cosas. Mas yo os digo que de toda palabra ociosa que hablen los hombres, de ella darán cuenta en el día del juicio. Porque por tus palabras serás justificado, y por tus palabras serás condenado"* (Mateo 12:33-37).

Auto Examen Lección 12

1.   ¿Cómo vino el mundo a existencia? _____
_____

2.   ¿A imagen de quién fue creado el hombre? _____

3.   Las palabras de Dios contienen poder _____.

Nuestras palabras contienen poder _____.

4.   Nosotros tenemos igual medida del Espíritu Santo, que Jesús.
_____ Cierto   _____ Falso

5.   Jesús dijo que nuestra vida de pensamiento puede arruinarnos.
_____ Cierto   _____ Falso

6.   La vida de pensamiento de Dios está en su Palabra. _____ Cierto   _____ Falso

7.   Nadie puede verdaderamente tener la mente de Cristo, aún leyendo la Palabra.
_____ Cierto   _____ Falso

8.   Según pensemos los pensamientos de Dios, empezaremos a hablar _____
_____ de Dios.

9.   ¿Qué son campeones? _____
_____
_____

Guarde este examen para sus récords.

Examen Final

1. La crisis es común en la vida. _____ Cierto _____ Falso

2. ¿Cuáles son las tres evidencias de fidelidad en un hombre?

    a. _____

    b. _____

    c. _____

3. El fracaso puede ser el _____ del éxito.

4. Dios es fiel aún cuando nosotros somos _____.

5. ¿Cuáles son las cinco tentaciones comunes en las crisis?

    a. _____

    b. _____

    c. _____

    d. _____

    e. _____

6. El día antes de la batalla es siempre más importante que el día después.
   _____ Cierto _____ Falso

7. Si Satanás no puede ganar ventaja _____, va a tratar de derrotar _____. Si ninguna de ellas funciona, tratará ___ _____.

8. ¿Cuál es el arte básico de la comunicación? _____

9. El poder de Dios se libera en nuestras vidas al grado de _____.

10. Las decisiones determinan _____.

11. No orar es con frecuencia una forma de _____.

12. ¿Cuál es una de las armas más fuertes que podemos emplear durante pruebas y tentaciones? ___
_____

13. Sus pecados y errores pueden sacarlo del alcance de la ayuda de Dios.
_____ Cierto   _____ Falso

14. El perdón _____. La falta de perdón _____.

15. La falta de perdón puede causar que los pecados sean _____.

16. Dar libera _____.

17. Usted no puede compensar por sacrificio _____
_____.

18. Nos decepcionamos en la vida normalmente no a base de lo que encontramos, sino de lo que
nosotros _____.

19. El desvelo, el miedo, buscar mentalmente las respuestas que no llegan, ser tentados a rendirnos
o a cometer suicidio son señales obvias de _____
_____.

20. Dios no pone límites en _____. _____ no pone límites
en Dios.

21. ¿Qué siempre precede a la bendición? _____

22. Usted debe decirles todo a sus hijos, no importa por lo que esté pasando.
_____ Cierto   _____ Falso

23. Dios nunca construye sobre un _____, sino siempre sobre un _____.

24. Debemos actuar siempre en _____, no emoción.

25. No somos _____de nada, solo mayordomos de todo lo que poseemos.

26. La distancia nunca se mide en millas, siempre en _____. (Llene el espacio en blanco.) amistad | cercanía física | afecto

27. La mayor pobreza de la vida no está en las riquezas, sino en _____. La mayor riqueza de la vida no está en el dinero, sino en _____.

28. El fracaso en prepararse es _____ para el fracaso.

29. ¿Cuál es el resultado de que los padres estén de acuerdo en el hogar? _____
_____

30. Algunas circunstancias en que nos encontramos pueden ser tan severas como para realmente afectar la Palabra de Dios. _____ Cierto _____ Falso

31. La fe se aferra a la verdad, y la verdad siempre trae _____.

32. ¿Cuáles son las tres relaciones bíblicas entre Dios y el hombre?

   a. _____   b. _____
   c. _____

33. Siempre es más fácil obtener que _____

34. El proceso de purificación de Dios nos libera del fracaso mediante la prueba.
_____ Cierto _____ Falso

35. ¿En qué está basado el miedo al fracaso? _____

36. ¿Cuál es el resultado natural, ordenado en secuencia de la vida del justo? _____
_____

37. ¿Cuán limitado está Cristo? _____ _____

38. La confesión de Jesucristo como el Señor es la base de la salvación.
_____ Cierto _____ Falso

39. ¿Cómo llegamos a ser aceptables para Dios? (Escoja su respuesta y haga un círculo alrededor de la letra.)

   a. peinando nuestro cabello   b. hacienda buenas obras   c. confesando a Cristo

40. ¿Cuál es la diferencia entre involucrarse e identificarse? (Escoja la respuesta y haga un círculo alrededor de la letra.)

   a. Uno puede ser "iglesismo", mientras el otro es cristianismo.

   b. Uno es más aceptable para Dios que el otro.

   c. Uno toma menos tiempo que el otro.

41. Es mucho más grande para Dios estar dispuesto a identificarse con nosotros que para nosotros estar dispuestos a identificarnos con Dios Todopoderoso. _____ Cierto _____ Falso

42. La confesión de fe en Jesucristo establece _____en nuestras vidas.

43. La confesión es esencial para: (Escoja la respuesta y haga un círculo alrededor de la letra.)

   a. identificación   b. compromiso   c. relación   d. todas las anteriores

44. ¿Cuál es un término bíblico para Satanás? _____

45. Cuando decimos que somos menos de lo que somos, ¿qué se reduce? _____
_____

46. ¿Cómo superó Jesús las tentaciones del diablo? _____

47. Las palabras de Dios contienen poder _____.

48. Nuestras palabras contienen poder _____.

49. Nosotros tenemos igual medida del Espíritu Santo que Jesús. _____ Cierto _____ Falso

50. Jesús dijo que nuestra vida de pensamiento nos arruinaría. _____ Cierto _____ Falso

51. La vida de pensamiento de Dios es su Palabra. _____ Cierto _____ Falso

52. Nadie verdaderamente puede tener la mente de Cristo, aún leyendo la Palabra.

    _____ Cierto   _____ Falso

53. Según empecemos a pensar los pensamientos de Dios, empezaremos a hablar _____
    _____de Dios.

54. Ensayo corto: "Encima de las nubes, siempre brilla el sol". Esta simple afirmación, a la luz de todo lo que usted ha aprendido sobre las crisis, resume muchos principios profundos. Escriba todo lo que esa afirmación significa ahora para usted.

Lectura básica diaria de la Biblia

Lea el libro de Proverbios cada mañana para obtener sabiduría, y el libro de Salmos cada noche para obtener valentía. Haga copias de este organigrama y manténgalo en su Biblia para marcar a medida que lee. Si usted está comenzando con el hábito de la lectura de la Biblia, tenga en cuenta que dependiendo de la traducción o parafraseado (como la versión Amplificada o la NTV) le tomará más tiempo para la lectura cada día. Cuando esté comenzando, está bien leer solo un capítulo de los Salmos cada noche, en vez de todos los que se encuentran en la lista. Señale su organigrama para que pueda recordar cuál no ha leído aún.

NOTA: El cuadro cronológico siguiente tiene el resto de los capítulos de Salmos que no figuran en esta lista. Al utilizar ambos cuadros juntos, usted cubrirá todo el libro de los Salmos.

Día del mes	Proverbios	Salmos	Día del mes	Proverbios	Salmos
1	1	1, 2, 4, 5, 6	18	18	82, 83, 84, 85
2	2	7, 8, 9	19	19	87, 88, 91, 92
3	3	10, 11, 12, 13, 14, 15	20	20	93, 94, 95, 97
4	4	16, 17, 19, 20	21	21	98, 99, 100, 101, 103
5	5	21, 22, 23	22	22	104, 108
6	6	24, 25, 26, 27	23	23	109, 110, 111
7	7	28, 29, 31, 32	24	24	112, 113, 114, 115, 117
8	8	33, 35	25	25	119:1-56
9	9	36, 37	26	26	119:57-112
10	10	38, 39, 40	27	27	119:113-176
11	11	41, 42, 43, 45, 46	28	28	120, 121, 122, 124, 130,
12	12	47, 48, 49, 50			131, 133, 134
13	13	53, 55, 58, 61, 62	29	29	135, 136, 138
14	14	64, 65, 66, 67	30	30	139, 140, 141, 143
15	15	68, 69	31	31	144, 145, 146, 148, 150
16	16	70, 71, 73			
17	17	75, 76, 77, 81			

Lectura cronológica de la Biblia en un año

Este plan de lectura sigue los acontecimientos de la Biblia cronológicamente, y se puede utilizar con cualquier traducción o paráfrasis de la Biblia. Cada día tiene un promedio de setenta y siete versículos de las Escrituras. Si usted sigue esto anualmente, junto con su "lectura diaria de la Biblia", en su tercer año podrá reconocer dónde usted se encuentra, y lo que sucederá en el futuro. En su quinto año, entenderá el trasfondo bíblico y contexto para cualquier referencia que se trate en un mensaje o un libro. En ese momento, la Palabra se convertirá más como "carne" para usted y menos como "leche". Una vez que entienda las historias básicas y lo que ocurre en lo exterior, Dios podrá revelarle las capas de significado que se encuentran por debajo. Por esta razón, haga copias de este organigrama y manténgalo en su Biblia para marcar a medida que lee. ¡Comience a leer; es la aventura más grandiosa en la vida!

Algunas notas:

1. Algunas traducciones modernas de la Biblia no tienen versículos enumerados. Por esta razón esas versiones no pueden utilizarse con este cuadro. Además, si usted recién está comenzando la Biblia, tome en cuenta que dependiendo de la traducción o paráfrasis (como la versión Amplificada o la NTV) le tomará más tiempo para la lectura cada día.

2. El cuadro cronológico siguiente tiene el resto de los capítulos de Salmos que no figuran en esta lista. Al utilizar ambos cuadros juntos, cubrirá todo el libro de Salmos y Proverbios junto con el resto de la Biblia.

3. La cronología de la Escritura es evidente en algunos casos, y en otros son conjeturas bien fundamentadas. La ubicación del libro de Job, por ejemplo, es mera conjetura, ya que no hay consenso entre los estudiosos de la Biblia en cuanto a su fecha o lugar. No obstante, en su mayor parte, la lectura cronológica ayuda al lector, ya que pone historias que han duplicado la información o declaraciones proféticas en otra parte de la Escritura, dentro de la misma secuencia de lectura.

CÓMO LEER LAS ANOTACIONES DE LAS ESCRITURAS:

Capítulo del libro: verso (Marcos 15:44; significa el libro de Marcos, capítulo 14 versículo 44).

Capítulo del libro: capítulo (Marcos 15; 16; 17; significa el libro de Marcos capítulo 15, 16, 17).

El libro sigue siendo el mismo hasta que se indique lo contrario. (2 Reyes 22; 23:1-28; Jeremías 20; significa el libro de 2 Reyes, capítulo 22, el libro de 2 Reyes capítulo 23, del versículo 1 al 28; luego el libro de Jeremías, capítulo 20).

Día	Fecha	Lectura
1	ENE 1	Génesis 1; 2; 3
2	ENE 2	Génesis 4; 5; 6
3	ENE 3	Génesis 7; 8; 9
4	ENE 4	Génesis 10; 11; 12
5	ENE 5	Génesis 13; 14; 15; 16
6	ENE 6	Génesis 17; 18; 19:1-29
7	ENE 7	Génesis 19:30-38; 20; 21
8	ENE 8	Génesis 22; 23; 24:1-31
9	ENE 9	Génesis 24; 32-67; 25
10	ENE 10	Génesis 26; 27
11	ENE 11	Génesis 28; 29; 30:1-24
12	ENE 12	Génesis 30:25-43; 31
13	ENE 13	Génesis 32; 33; 34
14	ENE 14	Génesis 35; 36
15	ENE 15	Génesis 37; 38; 39
16	ENE 16	Génesis 40; 41
17	ENE 17	Génesis 42; 43
18	ENE 18	Génesis 44; 45
19	ENE 19	Génesis 46; 47; 48
20	ENE 20	Génesis 49; 50; Éxodo 1
21	ENE 21	Éxodo 2; 3; 4
22	ENE 22	Éxodo 5; 6; 7
23	ENE 23	Éxodo 8; 9
24	ENE 24	Éxodo 10; 11; 12
25	ENE 25	Éxodo 13; 14; 15
26	ENE 26	Éxodo 16; 17; 18
27	ENE 27	Éxodo 19; 20; 21
28	ENE 28	Éxodo 22; 23; 24
29	ENE 29	Éxodo 25; 26
30	ENE 30	Éxodo 27; 28; 29:1-28
31	ENE 31	Éxodo 29:29-46; 30; 31
32	FEB 1	Éxodo 32; 33; 34
33	FEB 2	Éxodo 35; 36
34	FEB 3	Éxodo 37; 38
35	FEB 4	Éxodo 39; 40
36	FEB 5	Levítico 1; 2; 3; 4
37	FEB 6	Levítico 5; 6; 7
38	FEB 7	Levítico 8; 9; 10
39	FEB 8	Levítico 11; 12; 13:1-37
40	FEB 9	Levítico 13:38-59; 14
41	FEB 10	Levítico 15; 16
42	FEB 11	Levítico 17; 18; 19
43	FEB 12	Levítico 20; 21; 22:1-16
44	FEB 13	Levítico 22:17-33; 23
45	FEB 14	Levítico 24; 25
46	FEB 15	Levítico 26; 27
47	FEB 16	Números 1; 2
48	FEB 17	Números 3; 4:1-20
49	FEB 18	Números 4:21-49; 5; 6
50	FEB 19	Números 7
51	FEB 20	Números 8; 9; 10
52	FEB 21	Números 11; 12; 13
53	FEB 22	Números 14; 15
54	FEB 23	Números 16; 17
55	FEB 24	Números 18; 19; 20
56	FEB 25	Números 21; 22
57	FEB 26	Números 23; 24; 25
58	FEB 27	Números 26; 27
59	FEB 28	Números 28; 29; 30
60	MAR 1	Números 31; 32:1-27
61	MAR 2	Números 32:28-42; 33
62	MAR 3	Números 34; 35; 36
63	MAR 4	Deuteronomio 1; 2
64	MAR 5	Deuteronomio 3; 4
65	MAR 6	Deuteronomio 5; 6; 7
66	MAR 7	Deuteronomio 8; 9; 10
67	MAR 8	Deuteronomio 11; 12; 13
68	MAR 9	Deuteronomio 14; 15; 16
69	MAR 10	Deuteronomio 17; 18; 19; 20
70	MAR 11	Deuteronomio 21; 22; 23
71	MAR 12	Deuteronomio 24; 25; 26; 27
72	MAR 13	Deuteronomio 28
73	MAR 14	Deuteronomio 29; 30; 31
74	MAR 15	Deuteronomio 32; 33
75	MAR 16	Deuteronomio 34; Salmos 90; Josué 1; 2
76	MAR 17	Josué 3; 4; 5; 6
77	MAR 18	Josué 7; 8; 9
78	MAR 19	Josué 10; 11
79	MAR 20	Josué 12; 13; 14
80	MAR 21	Josué 15; 16
81	MAR 22	Josué 17; 18; 19:1-23
82	MAR 23	Josué 19:24-51; 20; 21
83	MAR 24	Josué 22; 23; 24
84	MAR 25	Jueces 1; 2; 3:1-11
85	MAR 26	Jueces 3:12-31; 4; 5
86	MAR 27	Jueces 6; 7
87	MAR 28	Jueces 8; 9
88	MAR 29	Jueces 10; 11; 12
89	MAR 30	Jueces 13; 14; 15
90	MAR 31	Jueces 16; 17; 18

(¡Usted ha completado 1/4 de la Biblia!)

Día	Fecha	Lectura
91	ABR 1	Jueces 19; 20
92	ABR 2	Jueces 21; Job 1; 2; 3
93	ABR 3	Job 4; 5; 6
94	ABR 4	Job 7; 8; 9
95	ABR 5	Job 10; 11; 12
96	ABR 6	Job 13; 14; 15
97	ABR 7	Job 16; 17; 18; 19
98	ABR 8	Job 20; 21
99	ABR 9	Job 22; 23; 24
100	ABR 10	Job 25; 26; 27; 28
101	ABR 11	Job 29; 30; 31
102	ABR 12	Job 32; 33; 34
103	ABR 13	Job 35; 36; 37
104	ABR 14	Job 38; 39
105	ABR 15	Job 40; 41; 42
106	ABR 16	Rut 1; 2; 3
107	ABR 17	Rut 4; 1 Samuel 1; 2
108	ABR 18	1 Samuel 3; 4; 5; 6
109	ABR 19	1 Samuel 7; 8; 9
110	ABR 20	1 Samuel 10; 11; 12; 13
111	ABR 21	1 Samuel 14; 15
112	ABR 22	1 Samuel 16; 17
113	ABR 23	1 Samuel 18; 19; Salmos 59
114	ABR 24	1 Samuel 20; 21; Salmos 34; 56
115	ABR 25	1 Samuel 22; 23; Salmos 52; 142
116	ABR 26	1 Samuel 24; 25; 1 Crónicas 12:8-18; Salmos 57
117	ABR 27	1 Samuel 26; 27; 28; Salmos 54; 63
118	ABR 28	1 Samuel 29; 30; 31; 1 Crónicas 12:1-7; 12:19-22
119	ABR 29	1 Crónicas 10; 2 Samuel 1; 2
120	ABR 30	2 Samuel 3; 4; 1 Crónicas 11:1-9; 12:23-40
121	MAY 1	2 Samuel 5; 6; 1 Crónicas 13; 14
122	MAY 2	2 Samuel 22; 1 Crónicas 15
123	MAY 3	1 Crónicas 16; Salmos 18
124	MAY 4	2 Samuel 7; Salmos 96; 105
125	MAY 5	1 Crónicas 17; 2 Samuel 8; 9; 10
126	MAY 6	1 Crónicas 18; 19 Salmos 60; 2 Samuel 11
127	MAY 7	2 Samuel 12; 13; 1 Crónicas 20:1-3; Salmos 51
128	MAY 8	2 Samuel 14; 15
129	MAY 9	2 Samuel 16; 17; 18; Salmos 3
130	MAY 10	2 Samuel 19; 20; 21
131	MAY 11	2 Samuel 23:8-23
132	MAY 12	1 Crónicas 20:4-8; 11:10-25; 2 Samuel 23:24-39; 24
133	MAY 13	1 Crónicas 11:26-47; 21; 22
134	MAY 14	1 Crónicas 23; 24 Salmos 30
135	MAY 15	1 Crónicas 25; 26
136	MAY 16	1 Crónicas 27; 28; 29
137	MAY 17	1 Reyes 1; 2:1-12; 2 Samuel 23:1-7
138	MAY 18	1 Reyes 2:13-46; 3; 2 Crónicas 1:1-13
139	MAY 19	1 Reyes 5; 6; 2 Crónicas 2
140	MAY 20	1 Reyes 7; 2; 2 Crónicas 3; 4
141	MAY 21	1 Reyes 8; 2 Crónicas 5
142	MAY 22	1 Reyes 9; 2; 2 Crónicas 6; 7:1-10
143	MAY 23	1 Reyes 10:1-13 2 Crónicas 7:11-22; 8; 9:1-12; 1 Reyes 4
144	MAY 24	1 Reyes 10:14-29; 2 Crónicas 1:14-17; 9:13-28; Salmos 72; 127
145	MAY 25	Cantares 1; 2; 3; 4; 5
146	MAY 26	Cantares 6; 7; 8; 1 Reyes 11:1-40
147	MAY 27	Eclesiastés 1; 2; 3; 4
148	MAY 28	Eclesiastés 5; 6; 7; 8
149	MAY 29	Eclesiastés 9; 10; 11; 12; 1 Reyes 11:41-43; 2 Crónicas 9:29-31
150	MAY 30	1 Reyes 12; 2 Crónicas 10; 11

No.	Fecha	Lectura
151	MAY 31	1 Reyes 13; 14; 2 Crónicas 12
152	JUN 1	1 Reyes 15; 2 Crónicas 13; 14; 15
153	JUN 2	1 Reyes 16; 2 Crónicas 16; 17
154	JUN 3	1 Reyes 17; 18; 19
155	JUN 4	1 Reyes 20; 21
156	JUN 5	1 Reyes 22; 2 Crónicas 18
157	JUN 6	2 Reyes 1; 2; 2 Crónicas 19; 20; 21:1-3
158	JUN 7	2 Reyes 3; 4
159	JUN 8	2 Reyes 5; 6; 7
160	JUN 9	2 Reyes 8; 9; 2 Crónicas 21:4-20
161	JUN 10	2 Crónicas 22; 23; 2 Reyes 10; 11
162	JUN 11	Joel 1; 2; 3
163	JUN 12	2 Reyes 12; 13; 2 Crónicas 24
164	JUN 13	2 Reyes 14; 2 Crónicas 25; Jonás 1
165	JUN 14	Jonás 2; 3; 4; Oseas 1; 2; 3; 4
166	JUN 15	Oseas 5; 6; 7; 8; 9; 10
167	JUN 16	Oseas 11; 12; 13; 14
168	JUN 17	2 Reyes 15:1-7; 2 Crónicas 26; Amós 1; 2; 3
169	JUN 18	Amós 4; 5; 6; 7
170	JUN 19	Amós 8; 9; 2 Reyes 15:8-18; Isaías 1
171	JUN 20	Isaías 2; 3; 4; 2 Reyes 15:19-38; 2 Crónicas 27
172	JUN 21	Isaías 5; 6 Miqueas 1; 2; 3
173	JUN 22	Miqueas 4; 5; 6; 7; 2 Reyes 16:1- 18
174	JUN 23	2 Crónicas 28; Isaías 7; 8
175	JUN 24	Isaías 9; 10; 11; 12
176	JUN 25	Isaías 13; 14; 15; 16
177	JUN 26	Isaías 17; 18; 19; 20; 21
178	JUN 27	Isaías 22; 23; 24; 25
179	JUN 28	Isaías 26; 27; 28; 29
180	JUN 29	Isaías 30; 31; 32; 33
181	JUN 30	Isaías 34; 35; 2 Reyes 18:1-8; 2 Crónicas 29
182	JUL 1	2 Crónicas 30; 31; 2 Reyes 17; 2 Reyes 16:19-20

(¡Usted ha completado 1/2 de la Biblia!)

No.	Fecha	Lectura
183	JUL 2	2 Reyes 18:9-37; 2 Crónicas 32:1-19; Isaías 36
184	JUL 3	2 Reyes 19; 2 Crónicas 32:20-23; Isaías 37
185	JUL 4	2 Reyes 20; 21:1-18; 2 Crónicas 32:24-33; Isaías 38; 39
186	JUL 5	2 Crónicas 33:1-20; Isaías 40; 41
187	JUL 6	Isaías 42; 43; 44
188	JUL 7	Isaías 45; 46; 47; 48
189	JUL 8	Isaías 49; 50; 51; 52
190	JUL 9	Isaías 53; 54; 55; 56; 57
191	JUL 10	Isaías 58; 59; 60; 61; 62
192	JUL 11	Isaías 63; 64; 65; 66
193	JUL 12	2 Reyes 21:19-26; 2 Crónicas 33:21-25; 34:1-7; Sofonías 1; 2; 3
194	JUL 13	Jeremías 1; 2; 3
195	JUL 14	Jeremías 4; 5
196	JUL 15	Jeremías 6; 7; 8
197	JUL 16	Jeremías 9; 10; 11
198	JUL 17	Jeremías 12; 13; 14; 15
199	JUL 18	Jeremías 16; 17;
200	JUL 19	Jeremías 20; 2 Reyes 22; 23:1-28
201	JUL 20	2 Crónicas 34:8-18; 19-33; 35:1-19; Nahúm 1; 2; 3
202	JUL 21	2 Reyes 23:29-37; 2 Crónicas 35:20-27; 36:1-5; Jeremías 22:10-17; 26; Habacuc 1
203	JUL 22	Habacuc 2; 3; Jeremías 46; 47; 2 Reyes 24:1-4; 2 Crónicas 36:6-7
204	JUL 23	Jeremías 25; 35; 36; 45
205	JUL 24	Jeremías 48; 49:1-33
206	JUL 25	Daniel 1; 2
207	JUL 26	Jeremías 22:18-30; 2 Reyes 24:5-20; 2 Crónicas 36:8-12; Jeremías 37:1-2; 52:1-3; 24; 29
208	JUL 27	Jeremías 27; 28; 23
209	JUL 28	Jeremías 50; 51:1-19
210	JUL 29	Jeremías 51:20-64; 49:34-39; 34
211	JUL 30	Ezequiel 1; 2; 3; 4
212	JUL 31	Ezequiel 5; 6; 7; 8
213	AGO 1	Ezequiel 9; 10; 11; 12
214	AGO 2	Ezequiel 13; 14; 15; 16:1-34
215	AGO 3	Ezequiel 16:35-63; 17; 18
216	AGO 4	Ezequiel 19; 20
217	AGO 5	Ezequiel 21; 22
218	AGO 6	Ezequiel 23; 2 Reyes 25:1; 2 Crónicas 36:13-16; Jeremías 39:1; 52:4; Ezequiel 24
219	AGO 7	Ezequiel 21; 22:1-9; 32; 30
220	AGO 8	Jeremías 31; 33; Ezequiel 25
221	AGO 9	Ezequiel 29:1-16; 30; 31; 26
222	AGO 10	Ezequiel 27; 28; Jeremías 37:3-21
223	AGO 11	Jeremías 38; 39:2-10; 52:5-30
224	AGO 12	2 Reyes 25:2-22; 2 Crónicas 36:17-21; Jeremías 39:11-18; 40:1-6; Lamentaciones 1
225	AGO 13	Lamentaciones 2; 3
226	AGO 14	Lamentaciones 4; 5; Abdías; Jeremías 40:7-16
227	AGO 15	Jeremías 41; 42; 43; 44; 2 Reyes 25:23-26
228	AGO 16	Ezequiel 33:21-33; 34; 35; 36
229	AGO 17	Ezequiel 37; 38; 39
230	AGO 18	Ezequiel 32; 33:1-20; Daniel 3
231	AGO 19	Ezequiel 40; 41
232	AGO 20	Ezequiel 42; 43; 44
233	AGO 21	Ezequiel 45; 46; 47
234	AGO 22	Ezequiel 48; 29:17-21; Daniel 4
235	AGO 23	Jeremías 52:31-34; 2 Reyes 25:27-30; Salmos 44; 74; 79
236	AGO 24	Salmos 80; 86; 89
237	AGO 25	Salmos 102; 106
238	AGO 26	Salmos 123; 137; Daniel 7; 8
239	AGO 27	Daniel 5; 9; 6
240	AGO 28	2 Crónicas 36:22-23; Esdras 1; 2
241	AGO 29	Esdras 3; 4:1-5; Daniel 10; 11
242	AGO 30	Daniel 12; Esdras 4:6-24; 5; 6:1-13; Hageo 1
243	AGO 31	Hageo 2; Zacarías 1; 2; 3
244	SEP 1	Zacarías 4; 5; 6; 7; 8
245	SEP 2	Esdras 6:14-22; Salmos 78
246	SEP 3	Salmos 107; 116; 118
247	SEP 4	Salmos 125; 126; 128; 129; 132; 147
248	SEP 5	Salmos 149; Zacarías 9; 10; 11; 12; 13
249	SEP 6	Zacarías 14; Ester 1; 2; 3
250	SEP 7	Ester 4; 5; 6; 7; 8
251	SEP 8	Ester 9; 10; Esdras 7; 8
252	SEP 9	Esdras 9; 10; Nehemías 1
253	SEP 10	Nehemías 2; 3; 4; 5
254	SEP 11	Nehemías 6; 7
255	SEP 12	Nehemías 8; 9; 10
256	SEP 13	Nehemías 11; 12
257	SEP 14	Nehemías 13; Malaquías 1; 2; 3; 4
258	SEP 15	1 Crónicas 1; 2:1-35
259	SEP 16	1 Crónicas 2:36-55; 3; 4
260	SEP 17	1 Crónicas 5; 6:1-41
261	SEP 18	1 Crónicas 6:42-81; 7
262	SEP 19	1 Crónicas 8; 9
263	SEP 20	Mateo 1; 2; 3; 4
264	SEP 21	Mateo 5; 6
265	SEP 22	Mateo 7; 8
266	SEP 23	Mateo 9; 10
267	SEP 24	Mateo 11; 12
268	SEP 25	Mateo 13; 14

#	Fecha	Lectura
269	SEP 26	Mateo 15; 16
270	SEP 27	Mateo 17; 18; 19
271	SEP 28	Mateo 20; 21
272	SEP 29	Mateo 22; 23
273	SEP 30	Mateo 24; 25

(¡Usted ha completado 3/4 de la Biblia!)

#	Fecha	Lectura
274	OCT 1	Mateo 26; 27; 28
275	OCT 2	Marcos 1; 2
276	OCT 3	Marcos 3; 4
277	OCT 4	Marcos 5; 6
278	OCT 5	Marcos 7; 8:1-26
279	OCT 6	Marcos 8:27-38; 9
280	OCT 7	Marcos 10; 11
281	OCT 8	Marcos 12; 13
282	OCT 9	Marcos 14
283	OCT 10	Marcos 15; 16
284	OCT 11	Lucas 1
285	OCT 12	Lucas 2; 3
286	OCT 13	Lucas 4; 5
287	OCT 14	Lucas 6; 7:1-23
288	OCT 15	Lucas 7:24-50; 8
289	OCT 16	Lucas 9
290	OCT 17	Lucas 10; 11
291	OCT 18	Lucas 12; 13
292	OCT 19	Lucas 14; 15
293	OCT 20	Lucas 16; 17
294	OCT 21	Lucas 18; 19
295	OCT 22	Lucas 20; 21
296	OCT 23	Lucas 22
297	OCT 24	Lucas 23; 24:1-28
298	OCT 25	Lucas 24:29-53; Juan 1
299	OCT 26	Juan 2; 3; 4:1-23
300	OCT 27	Juan 4:24-54; 5; 6:1-7
301	OCT 28	Juan 6:8-71; 7:1-21
302	OCT 29	Juan 7:22-53; 8
303	OCT 30	Juan 9; 10
304	OCT 31	Juan 11; 12:1-28
305	NOV 1	Juan 12:29-50; 13; 14
306	NOV 2	Juan 15; 16; 17
307	NOV 3	Juan 18; 19:1-24
308	NOV 4	Juan 19:25-42; 20; 21
309	NOV 5	Hechos 1; 2
310	NOV 6	Hechos 3; 4
311	NOV 7	Hechos 5; 6
312	NOV 8	Hechos 7
313	NOV 9	Hechos 8; 9
314	NOV 10	Hechos 10
315	NOV 11	Hechos 11
316	NOV 12	Hechos 12; 13
317	NOV 13	Hechos 14; 15; Gálatas 1
318	NOV 14	Gálatas 2; 3; 4
319	NOV 15	Gálatas 5; 6; Santiago 1
320	NOV 16	Santiago 2; 3; 4; 5
321	NOV 17	Hechos 16; 17
322	NOV 18	Hechos 18:1-11; 1 Tesalonicenses 1; 2; 3; 4
323	NOV 19	1 Tesalonicenses 5; 2 Tesalonicenses 1; 2; 3
324	NOV 20	Hechos 18:12-28; 19:1-22; 1 Corintios 1
325	NOV 21	1 Corintios 2; 3; 4; 5
326	NOV 22	1 Corintios 6; 7; 8
327	NOV 23	1 Corintios 9; 10; 11
328	NOV 24	1 Corintios 12; 13; 14
329	NOV 25	1 Corintios 15; 16
330	NOV 26	Hechos 19:23-41; 20:1; 2 Corintios 1; 2
331	NOV 27	2 Corintios 3; 4; 5
332	NOV 28	2 Corintios 6; 7; 8; 9
333	NOV 29	2 Corintios 10; 11; 12
334	NOV 30	2 Corintios 13; Romanos 1; 2
335	DIC 1	Romanos 3; 4; 5
336	DIC 2	Romanos 6; 7; 8
337	DIC 3	Romanos 9; 10; 11
338	DIC 4	Romanos 12; 13; 14
339	DIC 5	Romanos 15; 16
340	DIC 6	Hechos 20:2-38; 21
341	DIC 7	Hechos 22; 23
342	DIC 8	Hechos 24; 25; 26
343	DIC 9	Hechos 27; 28
344	DIC 10	Efesios 1; 2; 3
345	DIC 11	Efesios 4; 5; 6
346	DIC 12	Colosenses 1; 2; 3
347	DIC 13	Colosenses 4; Filipenses 1; 2
348	DIC 14	Filipenses 3; 4; Filemón
349	DIC 15	1 Timoteo 1; 2; 3; 4
350	DIC 16	1 Timoteo 5; 6; Tito 1; 2
351	DIC 17	1 Tito 3; 2 Timoteo 1; 2; 3
352	DIC 18	2 Timoteo 4; 1 Pedro 1; 2
353	DIC 19	1 Pedro 3; 4; 5; Judas
354	DIC 20	2 Pedro 1; 2; 3; Hebreos 1
355	DIC 21	Hebreos 2; 3; 4; 5
356	DIC 22	Hebreos 6; 7; 8; 9
357	DIC 23	Hebreos 10; 11
358	DIC 24	Hebreos 12; 13; 2 Juan; 3 Juan
359	DIC 25	1 John 1; 2; 3; 4
360	DIC 26	1 John 5; Apocalipsis 1; 2
361	DIC 27	Apocalipsis 3; 4; 5; 6
362	DIC 28	Apocalipsis 7; 8; 9; 10; 11
363	DIC 29	Apocalipsis 12; 13; 14; 15
364	DIC 30	Apocalipsis 16; 17; 18; 19
365	DIC 31	Apocalipsis 20; 21; 22

(Usted ha completado la lectura de toda la Biblia. ¡Felicitaciones!)

PLAN DE CRECIMIENTO DE HOMBRÍA

Ordene el manual de trabajo correspondiente para cada libro, y profundice su estudio en los primeros cuatro libros de Especialización en Hombría®. Este es el orden de los libros de los planes de estudio:

HOMBRÍA AL MÁXIMO: Se dará cuenta de su necesidad de Dios en cada área de su vida y empezará a reparar sus relaciones con Cristo y su familia.

VALOR: Hará las paces con su pasado, aprenderá del poder del perdón, y el valor del carácter. Será desafiado a hablar en nombre de Cristo con otros hombres.

COMUNICACIÓN, SEXO Y DINERO: Le ayudará a desarrollar su habilidad para comunicarse, tener los valores correctos acerca del sexo y del dinero en las relaciones, y mejorará en gran medida las relaciones, ya sea que esté casado o soltero.

HOMBRES FUERTES EN TIEMPOS DIFÍCILES: Reformula las pruebas, las batallas y los desalientos a la luz de las Escrituras, y le ayudará a obtener una base sólida en los negocios, carreras profesionales y las oportunidades en las relaciones futuras.

Escoja cinco de los siguientes libros para su estudio. Cuando complete nueve libros, si es que usted aún no está en un grupo de hombres, puede buscar un grupo de Especialización en Hombría en su localidad y poder "comisionarse" para poder ministrar a la vida de otros hombres.

AUDAZ: Le ayudará a superar el miedo a vivir una vida de ambición audaz para ir tras los asuntos de Dios.

INTEGRIDAD SEXUAL: Reconocerá el carácter sagrado de la unión sexual, superará los errores y desatinos, y se comprometerá con la rectitud en su sexualidad.

MUJER ÚNICA: Descubra lo que hace a una mujer latir, desde su adolescencia hacia su madurez, para poder ministrar a la singularidad del cónyuge en todas las edades.

CAMPEONES NO SON AQUELLOS QUE NUNCAN FALLAN, SINO AQUELLOS QUE NUNCA SE RINDEN: Tome los diez pasos para ingresar o salir de cualquier situación, empleo, relación o crisis en la vida.

HOMBRE DE VERDAD: Descubra el significado profundo de la semejanza a Cristo, y aprenda a ejercitar buen carácter en momentos de estrés, éxito o fracaso.

EL PODER DEL POTENCIAL: Comience a establecer negocios sólidos y profesiones basadas en los principios de la Biblia, a medida que forma su carácter esencial que afecta toda su vida.

RESPUESTAS ABSOLUTAS: Adopte hábitos prácticos, y busque soluciones bíblicas para llegar a superar los "problemas pródigos" y pecados secretos que dificultan el éxito y la satisfacción con la vida.

TESORO: Soluciones bíblicas prácticas y principios sobre el trabajo para encontrar tesoros tales como la satisfacción de ejercer la integridad y el trabajo bien hecho.

ESPOSO IRRESISTIBLE: Evite los errores comunes que sabotean una relación, y aprenda soluciones simples y buenos hábitos para construir un matrimonio que aumentará constantemente la intensidad durante décadas.

PLAN DE CRECIMIENTO DE IGLESIA

SÓLIDO - SUSTENTABLE - SINÉRGICO

TRES FASES PRÁCTICAS PARA UN MOVIMIENTO DE HOMBRES PODEROSO EN SU IGLESIA

Primera fase:
- El Pastor discipula a un hombre clave o director de hombres, utilizando el sistema de Hombría al Máximo.
- El lanzamiento crea entre los hombres gran impulso.
- La iglesia se vuelve un lugar más atractivo para mantener a los hombres que la visitan.
- Las familias crecen más fuertes.
- Los hombres crean un mayor vínculo con el pastor.

Segunda fase:
- El director de hombres enseña a los demás hombres dentro de la iglesia.
- Incrementa los diezmos y ofrendas de parte de los hombres.
- Disminuye el número de familias en crisis.
- Incrementa el número de mentores de adolescentes y niños.
- Incrementa el número de hombres voluntarios.
- Integración más rápida de los hombres visitantes; un camino despejado para que el pastor pueda conectarse con nuevos hombres.
- Oración constante de los hombres por el pastor.

Tercera fase:
- Los hombres enseñan a otros hombres que están fuera de la iglesia y los traen a los pies de Cristo.
- Aumento de la población masculina y creación de interés de un hombre que visita, al ver un lugar al que pertenece.
- Fortaleza; mayor asistencia en la evangelización de la comunidad.
- Los hombres apoyan y son más fieles con el pastor.

Este sistema le da la oportunidad al pastor de entrenar exitosamente a los líderes principales, crear un gran impulso, edificar una iglesia que atraiga, mantener a los hombres que la visitan, y discipular hombres fuertes.

¡Las iglesias pueden realizar ministerio de hombres totalmente gratuito!

Conozca cómo hacerlo llamando al 817-437-4888.

CONTÁCTESE CON

ESPECIALIZACIÓN EN HOMBRÍA® PLAN DE ESTUDIO

814-437-4888 admin@ChristianMensNetwork

Red de Hombres Cristianos

P.O. Box 93478

Southlake, TX 76092

Grandes descuentos disponibles.

¡Comience su discipulado HOY MISMO! Llámenos para obtener un descuento de grupo

y oportunidades de entrenamiento.

Acerca del Autor

Edwin Louis Cole ha sido mentor de miles de personas por medio de eventos desafiantes, y libros poderosos que se han convertido en recursos para los hombres cristianos más utilizados en el mundo. Él es conocido por sus declaraciones concisas y un estilo de confrontación que exige la responsabilidad social y el liderazgo de la familia.

Luego de servir como pastor, evangelista y pionero en la televisión cristiana, y a una edad en la que la mayoría de hombres se jubila, él fue tras su pasión más grande: guiar a los hombres a la semejanza a Cristo, lo cual llamó "verdadera hombría".

Ed Cole fue un hombre verdadero hasta la médula. Un hijo amoroso para sus padres terrenales y para el Padre celestial. Un esposo devoto de la "dama más hermosa en la Tierra", Nancy Corbett Cole. Padre dedicado a sus tres hijos, con los años, aceptó el rol de ser "padre" de miles. Un gran lector, pensador y visionario. Un hombre que cometió errores, aprendió las lecciones, y luego compartió la riqueza de su sabiduría con hombres alrededor del mundo. La Red de Hombres Cristianos que fundó en el año 1977 sigue siendo un ministerio vibrante en todo el mundo. Sin duda alguna, él fue el ministro de los hombres más grandiosos de su generación.

Facebook.com/EdwinLouisCole